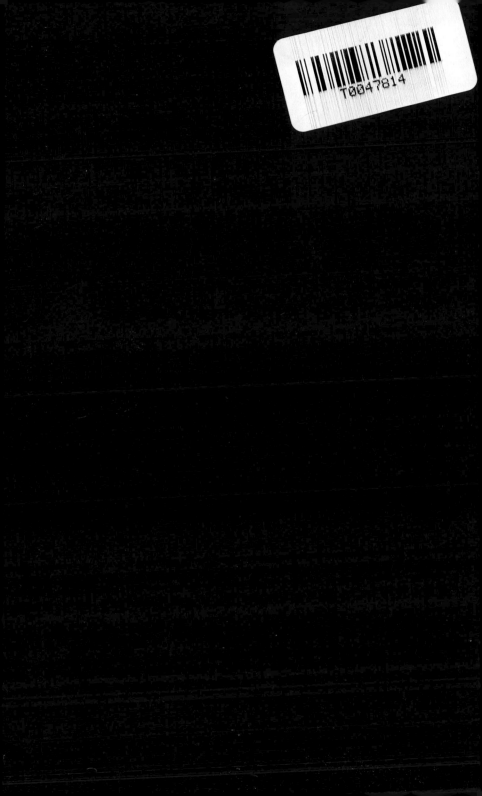

QUE RULE EL AMOR

MEMORIAS

LENNY KRAVITZ

con DAVID RITZ

LIBROS DEL KULTRUM

Publicado por:
LIBROS DEL KULTRUM
Sinónimo de Lucro, S.L.

Título original: *Let Love Rule*

Publicado en Estado Unidos por Henry Holt & Co.
Macmillan Publishing Group LLC

© 2020 by Lenny Kravitz

© de la traducción 2020, Ignacio Julià
© de la imagen de la cubierta

© de esta edición 2020, Anton Corbijn

Derechos exclusivos de edición:
Sinónimo de Lucro, S.L.

ISBN: 978-84-121842-3-5
DEPÓSITO LEGAL: B 19767-2020

En la cubierta: *Lenny Kravitz*, de Anton Corbijn

Todas las imágenes del pliego fotográfico han sido cortésmente cedidas
por el autor, a excepción de: página 127 © Stephen Salmieri,
página 128 © Stephen Elvis Smith, página 129 (abajo) © Per Gustaffson.

Diseño: Meryl Sussman Levavi
Maquetación: Sergi Godia
Diseño de la cubierta: Christopher Sergio
Impresión y encuadernación: Romanyà Valls

Primera edición: noviembre de 2020

ÍNDICE

QUE RULE EL AMOR

No puedo respirar. El ataúd de madera en el que me encuentro atrapado y retorciéndome bajo tierra está siendo depositado, a gran profundidad, en las frías y oscuras entrañas de un hoyo inescrutable. El miedo se adueña de mí y no alcanzo a sobreponerme al estado de parálisis del que soy presa. Puedo oír cómo la tierra va amontonándose sobre mí. Mi corazón late como si fuera a salirme por la boca. Ni siquiera puedo gritar y, además, de poder hacerlo, ¿acaso me oiría alguien? Cuando el enterrador se dispone a esparcir y allanar con cuidado la tierra sobre mí vertida a palazo limpio, consigo por fin, convulsión mediante, despertar de esa pesadilla y me tiendo de nuevo en el lecho empapado en sudor y orina de un pequeño apartamento, en la isla de Manhattan, al que mi familia dio en llamar hogar. Agitado y desorientado, consigo salir del diminuto dormitorio al fondo del piso y me adentro en el salón, oscuro como boca de lobo, donde yacen aún dormidos en un sofá cama mi madre y mi padre. Me quedo aguardando a sus pies, frente a su cama sin poder apartar la mirada... esperando.

¿Qué clase de sueño es ese para un crío de cinco años? ¿A qué causa obedecerá que, a tan temprana edad, pueda ya cargar con semejante imaginario? ¿Qué puedo haber experimentado para albergar tales visiones? Corre 1969. La única violencia tipificable como tal es la que me ha tocado en suerte zamparme viendo los dibujos animados de Bugs Bunny y Correcaminos en la pantallita de veinte centímetros de nuestro televisor portátil en blanco y negro. Mamá advierte mi presencia y se despierta. «¿Pasa algo?» Confieso que he tenido una pesadilla. Me alza en sus brazos y me lleva de vuelta a mi dormitorio. Cambia las sábanas con rapidez, se trae una toalla empapada en agua caliente para asearme, y me enfunda en un pijama limpio. Acto seguido, me consuela en su regazo y, al poco, vuelvo a precipitarme por las simas de mis sueños. El sueño se repite y me asalta en un sinfín de ocasiones. Pasará largo tiempo hasta que logre desentrañar su verdadero significado. Ahora sé que Dios se me manifestó en sueños. Me atrevería a afirmar que el propósito de aquel sueño no era otro que anunciarme que la vida no termina en ese angosto hoyo sin fondo, que algo nos aguarda en el más allá, acaso algo eterno. Pero no quisiera adelantarme, les invito a regresar al principio de la travesía.

MANHATTAN Y BROOKLYN

GREENWICH VILLAGE, 1963

En el diminuto escenario de un inframundano tugurio que exuda jazz por los cuatros costados, a través de la espesa humarada de rigor y en las más absoluta de las penumbras, John Coltrane lidera a su hacinada sección rítmica. Asintiendo, casi imperceptiblemente, con la cabeza sus compañeros de armas entran en trance y emergen, al poco, entre el murmullo de los sospechosos habituales, los primeros compases de un ritmo dolorosamente lento. Elvin Jones desliza, sin esfuerzo aparente, sus susurrantes escobillas, al tiempo que McCoy Tyner esboza una sutil introducción al piano. El contrabajo de Jimmy Garrison enhebra, con el grave latido de sus cuerdas, el color de la pulsación que brota de la tenue textura que sisea en la batería. Y es entonces cuando Trane, aspirando hondamente, exhala y se manifiesta en su instrumento. El fluido torrente discursivo de su saxo tenor es asombrosamente hipnótico: rico, exuberante, sensual.

En una mesa de la esquina, un varón judío, no exento de cierta soberbia y con chulesco aplomo, hunde su mirada en los ojos de una seductora damisela afrocaribeña.

La misteriosa mujer, presa de aquel acoso sin cuartel, es mi madre, que atiende al nombre de Roxie Roker, y el tipo que no aparta su mirada de ella mi padre, Sy Kravitz.

Papá es un periodista y productor de treinta y nueve años que trabaja para NBC News en el 30 de Rockefeller

Center, en el corazón de Midtown, en Manhattan. Con anterioridad, antes de labrarse su ascenso, había empezado como botones en el mismo edificio. Tiene el apetito depredador de todo emprendedor que se precie. Sirvió con los Boinas Verdes del ejército estadounidense en la guerra de Corea, y sigue en la Reserva. Sus padres, Joe y Jean Kravitz, viven en Sheepshead Bay, Brooklyn, junto a muchos otros judíos de ascendencia rusa. Papá está divorciado y tiene dos hijas. Vive solo en un apartamento de un único dormitorio por el que paga trescientos cincuenta dólares mensuales en el 5 de la Calle 82 Este, junto a Central Park, en el Upper East Side. Licenciado por la New York University, viste con garbo y es un consumado seductor. Le gustan la música, en especial el jazz, y también el teatro. No oculta su faceta artística, pero esta se ve severamente constreñida por su sentido del orden y la disciplina.

Ha conocido a Roxie Roker, de treinta y cuatro años, en el garito popularmente conocido como 30 Rock. Mi madre es una persona de gran elegancia y vitalidad. Miembro de la hermandad Alpha Kappa Alpha y especializada en arte dramático, se graduó con todos los honores en la Howard University antes de estudiar en el Shakespeare Institute de Stratford-upon-Avon, en Inglaterra, y unirse a una compañía teatral en Copenhague. Tiene sus bolos en producciones teatrales del off-Broadway y sobrevive trabajando como ayudante de un jefazo de la NBC. Es el epítome de la perfecta secretaria ejecutiva: eficiente y encantadora en todos los aspectos.

Ha heredado de sus padres la ética del trabajo. Su padre, oriundo de las Bahamas, otro espécimen de hombre hecho a sí mismo, y su madre, nacida en Georgia, que trabaja como empleada del hogar, son propietarios de la casa donde ella creció en Bedford-Stuyvesant, Brooklyn.

Roxie nunca había salido antes con un hombre blanco. Pero no es el color de la piel de mi padre lo que le preocupa, sino el hecho de que trabaja en la misma oficina que ella. Se siente algo incómoda al saber que estuvo casado y se divorció, así como por el hecho de que no parezca relacionarse mucho con sus hijas. Duda de sus verdaderas intenciones.

Papá lleva a mamá a una reposición en Broadway de *The Crucible*; ven a Thelonious Monk en el Five Spot; a Alvin Ailey en el City Center; escuchan a Langston Hughes leyendo en la Calle 92. Sy y Roxie son almas gemelas. Él está empeñado en ganarse su afecto y estima. Verás, ahora que ha dado con la mujer más atractiva de la ciudad de Nueva York, Sy lo tiene claro. Tanta atención hace que Roxie se sienta intrigada y halagada. Le deleita que alguien se deje caer por el centro para verla actuar en obras teatrales de vanguardia. Le convencen el entusiasmo y perseverancia de quien la corteja sin reparos, cualidades que su propio padre le enseñó a apreciar.

Mamá tiene sueños y ambiciones. Es una joven y brillante estrella: una actriz preparada y talentosa, una persona apasionada y muy interesante. Se permite sugerirle a Sy, y no cejará en su empeño, que restablezca el contacto con sus hijas. Para ella, es un asunto prioritario. Él accede, y pese a sus temores y reparos, se forjará un nuevo vínculo entre ellos.

Los sueños de Sy y Roxie parecen fundirse en un firme propósito común sin necesidad de echar mano de pirotecnia alquímica alguna. Se lanzan de cabeza. Él le pide matrimonio. La noche siguiente, madre acude al Café Carlyle, en Madison, para consultarlo con su buen amigo Bobby Short, el icónico pianista y cantante de cabaret. ¿Qué le parecería que se casase con Sy?

Con su lapidario laconismo habitual, Short repone: «Bueno, no creo ver a nadie más que te lo esté pidiendo».

La boda es una celebración modesta a la que los padres de papá, desolados porque su hijo se casa con una mujer negra (que, por si fuera poco, es gentil), se niegan a acudir. Hará falta que nazca un servidor para que cambien de idea. Me encanta saber que, sin hacer otra cosa que existir, traje la paz a mi familia.

GÉMINIS

Me siento profundamente bipolar: blanco y negro, judío y cristiano, de Manhattan y de Brooklyn. Mis andanzas juveniles oscilaron, sin solución de continuidad, entre opuestos y extremos. De niño, te lo tomas todo con calma, por lo que acepté sin reparo alguno mi alma de Géminis. La hice mía. De hecho, la adoraba. Los yines y los yangs se daban cita en distintos lugares de mi corazón y de mi mente, aportando equilibrio a mi vida y alimentando mi curiosidad, dándome confort.

Aunque a lo largo de mi infancia siguieron persiguiéndome las pesadillas, una vez despierto, dejaba atrás los miedos. Despierto y vivo, con ganas de explorar, en busca de aventuras. No son pocos los que recuerdan los primeros años de sus vidas infestados por traumas y aderezados con toda suerte de infortunios. Pero, a pesar del melodrama y las notables disfunciones con las que voy a trufar este relato, mi historia no es de esas que surgen de la más tenebrosa de las oscuridades. Mi juventud fue una auténtica explosión de alegría, me vi embargado por lo que parecía un flujo ininterrumpido de amor incondicional, infinito. Por parte de mi madre, de una docena de madrinas glamurosas, de los abuelos, de unos vecinos que parecían tíos y tías, de hermanas y primos y amigos que se convirtieron en mi familia electiva.

También mi padre se preocupaba mucho por mí, aunque me tomara su tiempo comprenderlo. Él no sabía cómo mostrarme su afecto y, al ser tan distintos, nuestra relación se resintió de esa evidente carencia afectiva. Él se sometía a sí mismo a un régimen de disciplina extrema. Yo, en cambio, iba por libre. Nací desaliñado y salvaje, como la mayoría de los niños de mi entorno. Mi pulcro patriarca detestaba el desorden y me montaba un pifostio de antología si veía un solo juguete por el suelo. La cosa es que la disciplina nunca caló en mí. Él era tozudo, pero, como proféticamente reza el adagio, de tal palo tal astilla; e hice honor a mi innata predisposición para emular a los de su condición. Debo decir que esa cualidad sí la compartíamos. A mí me asistía una fuerza de voluntad inquebrantable que desafiaba los designios del patriarca. Él, por el contrario, ejercía la clase de autoridad que no admite desafío alguno. Papá y yo nos lo tomábamos todo con igual fervor solo que en direcciones irreconciliablemente opuestas. Con el tiempo nuestras diferencias iban a tornarse más insalvables. Solo en estos últimos años he empezado a comprender y a aceptar la existencia de nuestro asombroso parecido acaso en demasiados órdenes de nuestras vidas. Con todo, no puedo por más que sentir una extraña suerte de agradecimiento por la presencia de esa figura a lo largo de mi vida. Las cosas como son, nunca me abandonó. Siempre estuvo ahí en los momentos más difíciles, ofreciéndome su razonado apoyo. Nuestros encontronazos, a qué fin ocultarlo, fueron ciertamente épicos, pero quiero pensar que, a resultas de ello, me hice más fuerte. A decir verdad, no sería quien soy hoy en día de no haberme batido en duelo con el patriarca en aquellos enfrentamientos de esgrima verbal y lucha libre. Por desagradables que fueran nuestras disputas, quiere uno pensar que sirvieron su propósito. De eso no me iba a librar nadie, tuve que desafiar al macho alfa de la unidad familiar para encontrarme a mí mismo.

Mamá estuvo y estará siempre en mi corazón. Fue mamá quien colgó sobre mi cama el cartel que decía: «La guerra no es saludable ni para los niños ni para ningún otro ser vivo». Fue ella también quien me pintó en la mejilla el signo de la paz y me paseó con orgullo durante las marchas contra la guerra en Central Park. Naturalmente, yo no comprendía las implicaciones políticas de aquella movilización ni, menos aún, el significado de aquel tatuaje, pero aún me emociona el sobrecogedor recuerdo del entusiasmo que prendió en todos los allí congregados al entonar 'Give Peace a Chance'. Aquella precoz experiencia hizo que me sintiera parte de un acontecimiento importante. Y me sentía protegido por la incondicional bondad innata que emanaba de mamá, sin esfuerzo aparente.

Mi iniciación a la sobreprotección pasó por que mi madre se asegurara, en todo momento, de que no olvidara quién soy ni dónde me encontraba y tenía que dar con mis huesos, a fin de poder compartir mis coordenadas geográficas a quien tuviera a bien conducirme hasta los míos si me extraviaba. Para tal empeño, me enseñó mi primera canción, de dulce melodía, que rezaba así: «Leonard Albert Kravitz es mi nombre. Y vivo en el número cinco de la Calle 82 Este de la ciudad de Nueva York. Y vivo en el 368 de la avenida Throop con la abuela en Brooklyn».

Viéndolo con perspectiva, la canción tiene más sustancia de lo que pudiera yo imaginar, a la sazón, a propósito de tan aparentemente inocuo pronunciamiento; toda vez que en ella emergen los dos ejes por los cuales iba a discurrir mi infancia. Mundos gemelos, identidades gemelas. En ambos me sentía feliz por igual. En ambos me formé, si bien, en honor a la verdad, no sabría consignar con precisión cómo ni tampoco por qué me resultaba tan fácil enfundarme con tanta naturalidad en una u otra piel, pero el caso es que podía hacerlo y lo hacía de muy buen grado. Creo que esa gran capacidad de adaptación a cualquier situación, lugar y compañía me dio la libertad necesaria para poder ser feliz en cualquier lugar. Con media centuria ya a cuestas, debo añadir que mi agradecimiento sigue intacto.

Permítanme que les ilustre al respecto y desempolve el retablo.

En Manhattan, nuestro apartamento, sito en el número 5 de la Calle 82 Este, estaba en la tercera planta de una finca regia de cinco pisos descuartizada y reagrupada en una docena de humildes viviendas. En los sesenta todavía se encontraban pisos asequibles en el ahora muy exclusivo y gentrificado Upper East Side. Nuestro edificio, de arquitectura modelada a imagen y semejanza del estilo parisino *Beaux Arts* del siglo pasado, era una obsoleta reliquia de la arqueología industrial insular cuyos mimbres remitían a glorias pasadas de moda: el hierro forjado decoraba las puertas de cristal, había querubines tallados en la fachada, y una portería presidida por una majestuosa escalera de mármol con un diminuto ascensor al estilo europeo.

Situado al fondo del edificio, nuestro apelmazado apartamento disfrutaba de unas privilegiadas vistas, permítaseme la ironía, a un muro enladrillado. En el salón había un pequeño comedor y un piano de pared. También estanterías llenas de discos de jazz y libros como *Go Tell It on the Mountain* de James Baldwin y *Yes I Can* de Sammy Davis Jr. A un lado, una pequeña cocina americana frente al sofá cama en el que dormían mis padres. A mí me instalaron en el único dormitorio. Esto me hacía sentir especial, aunque, bien mirado, eso también permitía a mamá y papá montarse sus fiestas sin temor a interferir en mis horas de sueño. Mis padres tenían un enorme grupo de amigos muy interesantes a quienes gustaban de agasajar en casa. Mi habitación estaba repleta de todas esas cosas que les gustan a los niños: automóviles de juguete Hot Wheels, maquetas de aviones, muñequitos de Frankenstein y El hombre lobo y, sin duda, lo mejor con diferencia, un comediscos de plástico. La leyenda de fútbol americano Joe Namath vivía al otro lado de la calle —de vez en cuando, se acercaba y nos lanzaba el balón a los críos— y a solo unos pocos pasos, al final de nuestro bloque, quedaba el portentoso Metropolitan Museum of Art, cual fortaleza a cuya custodia se confiara en tiempos el flanco occidental de Central Park.

Aunque nuestro piso era pequeño, la mayoría de los críos del barrio vivían en apartamentos enormes. Aquel era un mundo privilegiado.

En contraste con todo aquello, no se veían demasiados privilegios en Brooklyn. Los padres de mamá vivían al otro lado del East River, en el área mayormente negra de Bedford-Stuyvesant. Mis primeros años fueron un auténtico baile entre ambos vecindarios. Sentía que pertenecía a ambos lugares; y la verdad es que, en efecto, así era.

Mi educación comenzó en una guardería de Brooklyn llamada Junior Academy, de modo que, entre semana, me quedaba en casa de los padres de mi madre, propietarios de una casa de tres pisos en la esquina de Throop Avenue con Kosciuszko Street, en el corazón de Bed-Stuy. Los viernes por la tarde mis padres me recogían en su escarabajo VW y me llevaban consigo, de vuelta a Manhattan, a pasar el fin de semana.

Mi vida en Brooklyn estaba en manos de dos seres humanos entrañables, mis abuelos maternos, Albert y Bessie Roker. Al ser su único nieto, me abrumaron con sus cariñosas atenciones. Nacido en la pequeña y remota isla de Inagua en las Bahamas, el abuelo se vio forzado a erigirse en el hombre de la casa a los nueve años, al morir su padre dejando a cuatro niños al cuidado de su achacosa madre. Hasta su adolescencia, el abuelo apenas tuvo noticia de la existencia de los electrodomésticos. Con los años, pudo trasladarse a Miami, donde Bessie, una belleza sureña nacida en Georgia, trabajaba, a la sazón, en una heladería. Se enamoraron, contrajeron matrimonio y emigraron al norte, a Nueva York, en busca de una vida mejor. Dudo que el mundo haya conocido a un tío tan currante como Albert Roker. Pluriempleado, el abuelo fue pintor de brocha gorda, portero, responsable de mantenimiento, y operario en una fábrica en la que acabaría trabajando como capataz. Siempre gastó menos de lo que ganaba y manejaba el dinero pensando en el bienestar de su familia y la educación de su hija.

El abuelo solía contarme una visión que tuvo de niño: cuando fuese mayor jamás rechazaría cualquier cosa que le pidieran su esposa o su hija. Nunca, decidió, nunca daría un no por respuesta. Y así fue.

A Albert le encantaba aprender. Totalmente autodidacta, recitaba la Biblia de cabo a rabo; citaba a Shakespeare, a Sócrates y a Malcolm X. Devoraba libros enteros en una sola noche. Jamás cejó en su empeño por aprender. Hizo cuanto en su mano estuvo para asegurarse de que su hija se familiarizara con —y estuviera lo más expuesta posible a— la vida cultural del momento.

Cuando mi madre tenía trece años, el abuelo la llevó al teatro a ver *Porgy and Bess*, donde se vieron obligados a sentarse en la sección «solo para gente de color». Pese a lo absurdo de semejante medida —un musical con actores negros ante un público en el que se daba a los espectadores negros tratamiento de segunda— la producción encendió el interés de mi madre por el teatro. La prudente gestión de la economía doméstica permitió que su padre pudiese sufragar los costos de sus estudios en la Howard University.

Las mañanas de domingo, el abuelo me vestía con traje y corbata, y salíamos en su Cadillac rumbo al Lincoln Center, donde, en el Avery Fisher Hall, el Dr. Ervin Seale predicaba en la Iglesia de la Verdad, abierta a todos los credos. En sus sermones, el Dr. Seale elogiaba a Buda, Jesús y Moisés. El abuelo había leído todos los libros del Dr. Seale, cuyos títulos (*Diez palabras que te cambiarán la vida* y *El éxito eres tú*) reflejaban su método de superación personal como una suerte de correlato de la evolución espiritual. Aunque mis inquietudes espirituales no fuesen exactamente por esos derroteros, sus sermones fueron, en cierto modo, una suerte de introducción a los rituales litúrgicos y también una invitación a ir dando mis primeros tientos en el aún por mí desconocido universo de las creencias en el más allá.

La devoción por Dios no estaba entre las pasiones ni, menos aún, entre las cosas que más interesaban a mi padre. El abuelo era la luz que me guiaba en esas experiencias iniciáticas y en muchas otras cosas. Ejercía, a su vez, de padrastro de docenas de críos en el barrio. Los llevaba a la bolera, los acompañaba hasta el campo para que pudieran jugar a golf, y les conseguía entradas para los museos y los espectáculos de Broadway. Se aseguraba de que tuviesen carnés de biblioteca; les enseñaba cómo matricularse en la escuela de comercio y la universidad. El abuelo veía la vida como una oportunidad de superación personal que nadie podía descuidar. Lo verdaderamente loable, sin embargo, es que no lo veía como una oportunidad únicamente para sí mismo, sino para todo el mundo sin excepción, especialmente para los chicos sin recursos. La verdad es que el abuelo se convirtió en el recurso para todo un vecindario.

Era también un firme creyente en las bondades de la disciplina, pero con un estilo muy distinto al de papá. Si cometía alguna travesura, el abuelo me invitaba a sentarme con él y, cual psicólogo, me explicaba el modo en que mi mal comportamiento me afectaba a mí más que a cualquier otro. Lo repetía una y otra vez. Quería que comprendiese por qué había hecho lo que había hecho, a fin de que pudiera identificar el problema y tratar de resolverlo. Todo aquel proceso acababa, con frecuencia, convirtiéndose en una soporífera agonía. En más de una ocasión, me hubiera contentado con una paliza más expeditiva. Gracias a Dios, al abuelo no le faltaba perspicacia ni tampoco andaba falto de paciencia. Era de buen llevar, su tolerancia no tenía parangón. Tampoco ocultaba su acento antillano al estilo de Sidney Poitier; la abuela, en cambio, se expresaba con ese lento deje típicamente georgiano y asistía a una iglesia metodista. Si él era el intelecto, ella era el alma. Mi abuela fue el amor de mi vida. Mujer corpulenta a la que le encantaba cocinarme frituras sureñas, Bessie poseía un escaso don que Dios le había concedido para leer correctamente a las personas. Cuando el abuelo se arrancaba con una de sus peroratas filosóficas, le miraba como diciendo, «Albert, ¡por favor!».

En aquella época, Bed-Stuy venía a ser como un pueblo, una comunidad formada, en su mayoría, por gente que, como la abuela, venía del «Sur Profundo» o, como el abuelo, del Caribe. Te sentías seguro allí. Cuando pienso en Bed-Stuy, pienso en Mother Sister, el personaje de Ruby Dee en *Do the Right Thing* de Spike Lee, que vigila el vecindario desde su ventana. Teníamos Mothers Sisters repartidas por todas partes. Si mi abuela estaba en el trabajo y una de las Mother Sisters me pillaba portándome mal, me reprendía al momento, allí mismo. Luego se lo contaba a la abuela, lo que significaba que iban a zurrarme el trasero, para mayor gloria, y a modo de recordatorio, por partida doble.

Mi abuela era tan protectora y me quería tanto que, aunque me metiese en líos sin razón que los justificara, me defendía. Negaba lo que fuera que yo hubiese hecho con cada fibra de su ser y luego, en privado, me arrancaba el trasero a tiras por lo que había negado en público. El castigo tenía como fin educarme, no humillarme. En consecuencia, no iba a consentir que nadie me avergonzase. Aun así, su enfado nunca duraba mucho. Al anochecer, me acomodaba en su cama y los dos veíamos *I Love Lucy*, *The Honeymooners*, o su programa favorito, *The Lawrence Welk Show*.

La vida con mis abuelos en Bed-Stuy no solo sucedía en otra dimensión, en una suerte de universo paralelo, sino que, además, allí yo era totalmente otra persona, con nombre distinto. Esto era así porque muchos de nuestros vecinos provenían de «Down South». (*Down South* era el término que todos usaban para referirse al Sur. Hasta que finalmente así lo entendí, pensaba que Down South era el nombre de una ciudad real.) La mayoría de los sureños conservaban su templado deje al hablar. Cuando conocí a Poppy Branch, el chico de la casa de al lado que acaba de llegar de «Down South», su hermana Renee me preguntó: «¿Cómo te llaaamas?».

«Lennie.»
«¿Eddie?»
«Lennie.»
«Oh, sííí, Eddie.»

Me di por vencido. Y, tal cual, me convertí en Eddie para todo Brooklyn. En Manhattan, era Lennie (con *ie*, como solía deletrearlo); y en Brooklyn, Eddie. A mi alter ego de Géminis aquello no parecía desagradarle.

Las calles me chiflaban. Aquella era una época —en las postrimerías de los sesenta y primeros setenta— en que Bed-Stuy aún no se había convertido en campo de batalla. Había delincuencia y algo de violencia de vez en cuando, pero todavía se trataba a los mayores con respeto. No importaba lo que estuviera ocurriendo, si mi abuelo pasaba por delante se le saludaba con un «Buenas tardes, Sr. Roker». Si mi abuela volvía a casa desde el supermercado cargando comestibles, los chicos insistían en llevárselos hasta su puerta.

Me encantaban los personajes que circulaban por las aceras luciendo sus mejores galas hechas a medida, con pantalones de gabardina cosidos a mano por el tipo que regentaba la tintorería. Ese tío era un grande, la quinta esencia de lo hip. Abundaban los zapatos plataforma, las cadenas de oro y, los más asilvestrados, gastaban ya peinados desacomplejadamente afro.

Mis amigos vivían en apartamentos con paredes de las que se desprendía a tiras la pintura y agrietados suelos de linóleo. Nos sentábamos en las cajas de leche y bebíamos Kool-Aid en botes de mermelada. Y aun así, aquellos lugares estaban llenos de amor y vitalidad. No importaba a donde fuese, me sentía como uno más de la familia. Las madres de mis amigos me trataban como si fuera hijo suyo. Siempre había un plato extra de pollo, frijoles y arroz.

El soul era la banda sonora de Bed-Stuy. La música siempre flotaba en el aire. James Brown sonaba sin pausa en algún tocadiscos del barrio, no había descanso para él. Algunas de las canciones de la época se me pegaban: Mrs. Maudie Osborne, que alquilaba el tercer piso en casa de mis abuelos, se volvía loca con 'Rescue Me', de Fontella Bass mientras bebía para olvidar las penas. No estoy seguro de que alguien llegara a rescatarla a ella, pero cómo me gustaba aquella canción.

Las imágenes y los sonidos de Bed-Stuy: aparatosos radiocasetes, fiestas en casas, hombres apretujados alrededor de un pequeño transistor siguiendo partidos de los Mets y los Yankees, la salsa que emanaba de un bloque de apartamentos mayormente poblado por portorriqueños. Ropas tendidas en fila de un lado a otro de los callejones. Chicas saltando a la comba delante de bodegas donde comprábamos cohetes en miniatura que poníamos en el suelo para encenderlos y, con gran satisfacción, ver cómo despegaban y perseguían a los transeúntes, de ahí que les llamasen «cazanegratas». Esa era mi faceta de chico malote.

Cuando oficiaba cual buen chico, acompañaba a la abuela a la avenida DeKalb a comprar pescadilla fresca en el mercado de pescado. Pasábamos frente a las paradas de frutas y verduras, las carnicerías y barberías, la tienda de discos y el establecimiento de comida china para llevar con la ventana de cristal a prueba de balas. De vuelta en casa, ayudaba a la abuela a rebozar el pescado con harina de maíz y freírlo en su sartén de hierro fundido. Nunca limpiaba la sartén después de cenar. Echaba parte del aceite en una lata vieja de Chock full o'Nuts y dejaba el resto en la cacerola. Tantos años de grasa y amor acumulados daban a sus platos un sabor único que, hasta el día de hoy, nadie ha superado.

¿Quién era más feliz, Eddie en Brooklyn o Lennie en Manhattan?

Lo cierto es que nunca pensé en ello. Ambos lugares tenían mucho carácter y sus propias, auténticas vibraciones. Cualquiera de los dos vecindarios me hubiese resultado estimulante a su manera, por razones de diversa índole, pero el privilegio de vivir en ambos produjo en mí una suerte de sobreestimulación. Me precipité por mis entrañas y exploré todos los intereses y pensamientos extremos que anidaban en mis vísceras. Para mayor gloria y satisfacción, pronto caería en la cuenta de que podía montármelo para vivir aventuras en ambas orillas.

Fíjense en nuestro cada vez más gentrificado vecindario del Upper East Side. No pocos eran del parecer de que aquel barrio se estaba transformando en un campo de concentración de esnobs estiradetes y divinos. Yo, sin embargo, seguía viéndolo como un hermoso lienzo al natural, casi como un parque de atracciones. A pocos pasos de nuestra puerta estaba la Quinta Avenida, donde, frente a la entrada del Metropolitan Museum of Art, se congregaban enormes multitudes: turistas, lugareños, escolares, vendedores de perritos calientes, de postales, acróbatas, dibujantes de caricaturas, patinadores y mimos. A uno de esos mimos lo reconocería años más tarde viendo *Mork & Mindy*, era Robin Williams. En la otra dirección quedaba Madison. No puedo imaginar dos calles más distintas que DeKalb en Bed-Stuy y Madison en Manhattan. DeKalb era ciertamente pintoresca; Madison, en contraposición, era puro oropel: manzana tras manzana se sucedían las boutiques y las librerías donde podía hojear ejemplares de *Peanuts* y *Curious George*; tiendas de antigüedades y galerías de arte con objetos extraños y vistosas pinturas en los escaparates; panaderías francesas con creperías y voluptuosos cruasanes.

Al terminar preescolar en la Junior Academy de Brooklyn, el guion dio un giro inesperado. A partir de ese momento, pasaba toda la semana en Manhattan y solo los fines de semana con los abuelos. Fue así porque mis padres me matricularon en Ethical Culture, una guardería del Upper West Side para, poco más tarde, mandarme a la Public School 6 para mi primer año de primaria, a solo una manzana de nuestro hogar. Al ser el nuestro mayormente un vecindario de gente acomodada, PS 6 tenía un ambiente de escuela privada progresista. Recibiría allí una educación muy peculiar y lo recuerdo como un despertar iniciático en todos los sentidos.

En mi primer día de escuela, un chico apareció de la nada, nos señaló a mis padres y a mí, y me espetó a voz en grito: «¡Tu madre es negra y tu padre blanco!». Antes de aquel momento, jamás había reparado en el color de la piel de mis padres. Eran lo que eran. ¿Qué diferencia había? ¿A quién le importaba? ¿A qué venía aquel alboroto? La acusación de aquel chico no tenía sentido para mí, pero me hizo reflexionar. Estaba siendo condenado al ostracismo, y apenas alcanzaba a comprender a qué podía obedecer semejante discriminación.

Aquel día, al llegar a casa, mamá supo que algo iba mal. También sabía que a los niños les cuesta expresar sus sentimientos. Esa es la razón de que, años antes, hubiese inventado un juego en el que ella se convertía en un personaje llamado Ruff Ruff, un perro con poderes sobrenaturales. Ruff Ruff era un amigo a quien yo podía contárselo todo. Era el modo en que mi madre lograba que yo expresase sentimientos reprimidos. El juego comenzaba con mamá pidiéndome que dijese: «Abracadabra». Cuando lo hacía, de repente, ella se convertía en Ruff Ruff. Ruff Ruff quería saber todo lo que yo tuviese en mente, y tener noticia de todas las cosas malas que podían haberme pasado durante el día, todos mis miedos, así como el relato pormenorizado de las pesadillas en las que me veía atrapado en una tumba. Ruff Ruff asentía o sonreía o lanzaba una carcajada. Ruff Ruff siempre me comprendía. Ruff Ruff guardaba mis secretos. Ruff Ruff siempre conseguía que me sintiese mejor. Para lograr que mamá volviese solo tenía que pronunciar la palabra «Abracadabra» de nuevo, y así reaparecía. Roxie Roker era una actriz dotada, una madre ejemplar y una persona empática que sabía combinar a la perfección los tres roles.

Aparte del diálogo entre Ruff Ruff y el pequeño Lennie, mi madre tenía su propio punto de vista sobre la cuestión racial. Sabía que no era suficiente con sencillamente dejar que me desahogase con ella cuando otro niño me llamaba «cebra». Se daba cuenta de que era necesaria una explicación. Y su explicación era simple: yo tenía dos herencias, una judío-rusa y la otra africana y caribeña, y debía sentirme orgulloso de ambas. Al mismo tiempo, me dejó muy claro que el mundo iba a verme solamente como un negro. Para el mundo, la piel iba a ser mi primera y única identidad. Acepté su explicación sin rechistar. Si así me iba a ver el mundo, me parecía bien.

Entonces, y ahora, me identifico con orgullo como negro.

Papá también estaba orgulloso de tener una esposa y un hijo negros. No solo amaba a mi madre, también adoraba a la abuela Bessie. Se sentía más próximo a su suegra que a su propia madre y también sentía un gran respeto por su suegro. Ambos varones estaban muy unidos. Jamás hubo conflicto alguno entre los padres de mamá y papá. Entre papá y yo, en cambio, los había para todos los gustos. Su instrucción militar dejó en él una impronta indeleble y estaba decidido a imponérmela. Cada mañana me ordenaba que me hiciese la cama y la dejara tan lisa como una balsa de aceite. Me reñía sin clemencia si un solo libro, juguete o prenda de ropa no estaba en su lugar.

Yo era tan solo un crío. Nunca lograba estar a la altura. Él siempre estaba descontento conmigo. Pero Sy Kravitz tenía muchas facetas. Pese a ser muy duro en ciertos menesteres, tenía mucho carisma. Tenía el don de la labia. Podía pegarle la hebra a cualquiera y con ese don conseguía que la gente se sintiera siempre muy cómoda a su alrededor.

Cuando yo era todavía un crío, empezamos a viajar al norte del estado para visitar a las hijas de mi padre. Me hizo mucha ilusión saber que tenía hermanas, y ellas estaban tan contentas de conocerme como yo de conocerlas. Con Laurie y Tedi pronto congeniamos, y nos convertimos en una familia, gracias a la perseverancia de Roxie Roker.

¿Se puede ser más genuinamente bondadosa? Mamá insistía en que mis hermanas nos acompañasen cuando íbamos de viaje a las Bahamas. Estaba empeñada en unir a esta familia aunque fuese lo último que hiciese en esta vida, y así lo hizo. Los vínculos entre los distintos miembros de las familias de mis padres se hicieron mucho más profundos de lo que nadie pudiera llegar a imaginar. Al principio, mis abuelos Joe y Jean Kravitz le dieron la espalda a Roxie, pero no tardaron en darse cuenta de que los Roker eran extremadamente especiales: cariñosos, considerados, generosos. Poco tardarían los padres de Sy en sentir gran afecto por los de mamá, y viceversa. Aquella fue una enorme lección para todos: de cómo permitir que el amor conquiste al odio. Más allá de cualquier prejuicio que pudiera antaño haber empañado la relación, brotaba ahora una alegría envidiable. Con los años, cuando Roxie dispuso de más recursos, mandaba regularmente dinero y regalos a toda la familia, asegurándose de que a nadie le faltara nada.

La abuela Jean y el abuelo Joe vivían en el 3311 de Shore Parkway, en Sheepshead Bay, Brooklyn. Aquel era otro universo más, la energía del Viejo Mundo: carniceros kosher, delis, sinagogas. Como papá, el abuelo Joe tenía también no pocos encantos. Iba siempre acicalado y vestía con exquisita elegancia. Llevaba la cadena de oro con su *chai*, un anillo rosa de zafiro, y olía siempre a colonia. Aunque se dedicaba al comercio en el *shmata*, como mayorista de tejidos, soñaba con formar parte del mundo del espectáculo hasta tal punto que encargó un retrato donde aparecía con un smoking cantando ante un micrófono. Se veía a sí mismo como un Al Jolson o un Eddie Cantor, cantantes judíos que habían triunfado en la canción popular americana. Aquel lienzo colgaba en la pared del recibidor de su apartamento, pero el abuelo Joe nunca logró hacerse un hueco en la industria del show business. En vez de eso, se hizo sastre; decía que ese era el verdadero significado del apellido «Kravitz».

Sin siquiera proponérselo, creo que fue él quien me empujó, sin advertirlo, hacia la consecución de aquel esquivo sueño que él no pudo cumplir. Fue, de hecho, la primera persona que puso un micrófono en mis manos. El abuelo poseía un magnetófono de bobina abierta y le encantaba grabarse cantando canciones de obras musicales. Cuando se hartaba, me pasaba el micrófono y me enseñaba canciones de *Carousel* y *South Pacific*. Yo las cazaba al vuelo y me lanzaba a por ellas con todo el descaro propio de la edad. Era algo natural y divertido. Y cuando la música terminaba, la abuela Jean tomaba el relevo y mantenía viva la llama de la fiesta enseñándome a jugar al *durak*, juego de naipes ruso cuya traducción viene siendo «El Tonto». Pasábamos horas jugando mientras yo devoraba su hígado picado sobre *matzá*, pan ácimo judío.

Aparte del retrato de mi abuelo, el otro artefacto, segundo en importancia, que me llamaba poderosamente la atención de entre toda la parafernalia al uso que exhibía en su apartamento, era otro lienzo que colgaba de la chimenea del salón. En él, un rayo de luz se proyectaba sobre el rostro de un joven muy apuesto. Era Leonard Kravitz, el hermano pequeño de mi padre, que falleció a los veinte años en la guerra de Corea. Se le había otorgado la Medalla de Honor del Congreso a título póstumo por haber sacrificado su vida protegiendo a todo su pelotón. De pequeño, no podía dejar de contemplar aquel cuadro, aquella especie de altar consagrado al hijo caído en el frente de batalla. Sentía la pesada carga de su pérdida y el desconsuelo que allí reinaba por quien había llevado mi nombre.

Aquel dolor era la raíz del resentimiento que la abuela sentía por mi padre. Papá se había alistado el primero en las Fuerzas Armadas, animando a su hermano menor a seguirle. Creo que la abuela estaba convencida de que si papá no se hubiese alistado, Leonard tampoco lo hubiese hecho. En su fuero interno seguía convencida de que mi padre había sido la causa de la muerte de Leonard.

También percibía una amarga tensión entre mi padre y Joe. No fue hasta muchos años después que mi madre me explicó el origen de aquella tensión. El abuelo Joe no había sido un esposo fiel y papá siempre hizo ostensible su furibundo desprecio por el modo en que su padre engañaba a su madre. En aquella época, yo no me enteraba de esos asuntos de adultos. Era solo un niño feliz y despreocupado que comía *kasha varnishkes* en la cocina de mi abuela. En el umbral de la madurez, sin embargo, y al empezar a ver las películas de Woody Allen, pude, por fin, vislumbrar la verdadera estampa de mi constelación familiar en la pantalla. Era el mismo sentido del humor judío con el que había crecido.

En 1969, papá fue destinado a Vietnam como corresponsal y reservista del ejército, donde permaneció por espacio de un año. Recuerdo haber visto fotografías suyas en Saigón. Portaba una cámara y una metralleta. Contaba historias de cuánto amaba Vietnam —sus gentes, la comida— y se ufanaba de tener allí su propia casa y una criada.

En parte, debo decir que me sentí muy aliviado por su marcha. De pronto, como por arte de magia, la tensión entre nosotros se evaporó. Papá estaba chapado a la antigua, era un patriarca de la vieja escuela. La educación tradicional que recibió mamá en las Bahamas hacía que se sometiera, sin chistar, al macho alfa del hogar; razón por la cual no tenía por costumbre cuestionar su autoridad. Aclárese aquí que, en descargo del boina verde, mamá tampoco era persona fácil de convencer. Ponía en práctica su propia clase de disciplina férrea, asegurándose, por ejemplo, de que contribuyera con mi porción de tareas domésticas. Pero, a diferencia del ogro, su autoridad emanaba de su amor incondicional. Papá, a la antigua usanza, desconocía la eficiencia de esas artimañas y se abonaba a la praxis de métodos de inspiración espartana.

Mamá fue muy feliz cuando papá finalmente regresó del frente. Yo, como cabía suponer, llevaba las de perder y con su llegada reaparecieron los roces. Le faltó tiempo para restablecer su rol de mandamás. Parte de mí agradecía que hubiese vuelto sano y salvo, pero por otra parte detestaba que ya volviese a estar encima de mí: «¿Por qué no están guardados esos calcetines? ¿Qué hacen todas esas pistas de Hot Wheels en el suelo?» Cuando regresó, se trajo consigo de vuelta las revistas policiales y la disciplina castrense.

Bed-Stuy devino una muy bienvenida evasión de ese régimen cuartelario. Aunque parezca una locura, esas dos experiencias familiares, aun siendo tan radicalmente distintas, proporcionaban a mi vida un cierto equilibrio. No sabría decir si aquellos condicionantes me obligaban a adaptarme forzosamente a una u otra situación, o si, por el contrario, yo había nacido con esa capacidad innata para sortear los obstáculos que debía negociar en ambos contextos; pero sí estoy en condiciones de afirmar que, cuando llegaba el momento de marcharse a Brooklyn, Eddie salía zumbando por la puerta.

Fue en Brooklyn donde la abuela Bessie empezó a meditar sobre mi talento musical. Todo comenzó en el supermercado Waldbaum's de la avenida DeKalb. Estaba pagando la compra, conmigo a su lado y me puse a tararear una melodía. El cajero la reconoció y dijo que era de Chaikovski. Se preguntaba cómo era posible que un crío conociese a Chaikovski. Sorprendida, la abuela se volvió hacia mí en busca de una respuesta. Respondí que la había escuchado en mi Show 'N Tell, un televisor de plástico con un tocadiscos en la parte superior. La melodía se me había metido en la cabeza. El cajero le dijo a la abuela que era una melodía muy compleja para que un niño la memorizase. Yo me encogí de hombros, no me parecía una hazaña reseñable.

Las tonadas de los espectáculos de Broadway, las canciones pop, los temas sinfónicos: todos encontraban cobijo fácilmente en mi memoria. Me resultaba muy placentero ir acomodándolos entre mis recuerdos, pero hay una gran diferencia entre el placer y la pasión. A decir verdad, la pasión musical propiamente dicha no me atrapó hasta que me di de bruces, en sentido estrictamente metafórico, con los Jackson Five. Los J5 cambiaron las reglas del juego. Aparecieron fulgurantes en 1969, cuando cumplí cinco años, el mismo año en que empezaron a acosarme aquellas pesadillas en las que me veía atrapado en una tumba. Su primera retahíla de éxitos —'I Want You Back', 'ABC', 'The Love You Save'— me dejaron apabullantemente pasmado. Aquellos hits me abrieron la mente y el corazón de un modo radicalmente distinto a cualquier otra música que había escuchado hasta entonces. Una cosa es decir que te gusta un grupo y otra muy distinta es afirmar que un grupo te cambió la vida.

LENNIE JACKSON

Hubo quien tildó con manifiesta displicencia a los Jackson Five de música *bubblegum*, para mascar chicle, vamos. Nada más lejos de la realidad, era cualquier cosa menos eso. Sus éxitos se sustentaban sobre complejas melodías con arreglos sumamente sofisticados. Incluso de niño era ya capaz de percibir y disfrutar de tal grado de sofisticación: las líneas de bajo, la guitarra rítmica, los innovadores matices que deslizaban en las percusiones. Y, al margen de la propia música, vestían ropajes psicodélicos de brillantes estampados ejecutando muy elaboradas coreografías con una precisión matemática. En el centro de todo ello brillaba ya Michael. Tenía once años pero parecía más joven. Me identificaba con él a más no poder, fue una auténtica epifanía.

Yo ya había escuchado, en casa de mis padres, a grandes vocalistas en sus discos. A mamá y papá les encantaba la música soul. Conocía bien a Aretha Franklin, Gladys Knight and the Pips, Al Green, Curtis Mayfield, Otis Redding y al resto. Y, por ello, puedo afirmar que supe, incluso a esa temprana edad, que Michael era ya tan bueno como los más grandes.

Cuando escuchaba a los Jackson Five, seguía las conversaciones musicales que entablaban los hermanos y sus músicos. Estaba allí con ellos. Prestaba singular atención a cómo Michael respondía a la sección rítmica. Comprendía a la perfección el modo en que todos los elementos se complementaban: la sección de cuerda entrelazándose con la pulsación característicamente funk, las puntuaciones armónicas de los coros vocales de los hermanos, la voz de Michael sobrevolando aquellas poderosas texturas.

Mi respuesta a su música era genuinamente instintiva. Corría al armario, me calzaba mis chanclos de goma negra (haciendo ver que eran botas de piel), me envolvía en algunos de los fulares de mi madre, agarraba un Magic Marker que usaba como micrófono, y me unía a la formación. Imitando los movimientos de los hermanos, me convertía en el sexto de los Jackson. En la escuela escribí lo siguiente en mi libreta:

Lennie Jackson
Lennie Jackson
Lennie Jackson

16 de octubre de 1970. Tenía yo seis años. Lo cierto es que me sorprendió que aquel día papá viniese a buscarme a la escuela para llevarme a dar un paseo. Andamos una cuadra hasta la Quinta Avenida y mi padre paró un taxi. Le dijo al conductor, «Madison Square Garden».

Le pregunté: «¿Qué hay en el Madison Square Garden?».

Para mis adentros, pensaba yo: «¿Será el circo? ¿Los patinadores sobre hielo Ice Capades?»

Pero él no soltaba prenda.

Me entró una curiosidad incontrolable. Cuanto más preguntaba yo, más callaba él. Se limitaba a sonreírme con un brillo en los ojos. Yo había visto a mi padre feliz y siendo exquisitamente amable cuando estaba con sus amigos, pero conmigo era la primera vez. Nunca antes le había visto tan feliz estando a solas conmigo. Cuando fi-

nalmente nos bajamos del taxi y nos dirigimos hacia el
Garden, mi curiosidad entró en ebullición. El Garden estaba a rebosar, todos con sus mejores
galas. Los hombres con abrigos largos de cuero. Las mu-
jeres con *leggings*. Afros, sombreros exuberantes, turbantes, dashikis... para todos los gustos. A la que nos
aposentamos en nuestros asientos, muy cerca del escenario, el murmullo creció como una erupción. La Reina del Soul estaba entrando en el recinto y se desató la
tormenta de flashes. Tuve la impresión de que todo el
mundo se dio la vuelta a la vez. La gente aplaudía. Aretha Franklin, envuelta en visón blanco y chorreando diamantes, acababa de irrumpir en escena. Ella y su séquito
se sentaron justo detrás de nosotros. Antes de que sonase la música, antes de que yo supiese a quién iba a ver, la
proximidad de la Reina me puso la piel de gallina.

Poco después, se apagaron las luces. Una banda salió
a escena y empezaron a tocar. Sonaba bien. Empecé a
moverme. No tenía ni idea de quiénes eran. No importaba. Me encantaba escuchar música en vivo, y me sentía
feliz por estar allí. Cuando acabaron, pensé que había fi-
nalizado el espectáculo. Mi padre se rio y me dijo que no,
que eran solo los teloneros (luego supe que aquella banda
eran los Commodores, antes de llamarse así.)

Sentía la inquietud en el ambiente. La gente empezó
a dar palmas y patalear. ¿Qué estaba pasando? De repente, las luces volvieron a apagarse y, acto seguido, pren-
dieron unos focos cegadores. Pude atisbar a un grupo de
tíos que corrían por el escenario aprestándose a ocupar
sus posiciones. Y entonces ocurrió.

Bump.
Bump-ba-da-bump.
Ba-da-dum-badah-dah.
Bum-bum-bum-bum.
Bum-bum... BUMP.

De pronto, me di cuenta de que estaba viendo en acción ante mí a los Jackson Five lanzados a por la intro de 'I Want You Back'. No podía creerlo. Era un millón de veces más explosivo en vivo que en mi tocadiscos. La vibración penetró hasta el núcleo mismo de mi ser. Ahí estaba yo, frente a mis héroes en carne y hueso. Sus movimientos eran precisos, expresivos e irresistibles. Sin tacha. Y la voz angelical y conmovedora de Michael ascendía hacia lo más alto. Era surreal. Salté de mi asiento. Estaba viviendo el mejor momento de mi vida.

Los Jackson Five estaban de gira promocionando su *Third Album*, publicado unas semanas antes. Yo ya me lo sabía de memoria. Me gustaba especialmente la línea de bajo de James Jamerson en 'Darling Dear', canción que nunca se editó como sencillo. Los éxitos 'I'll Be There' y 'Mama's Pearl' eran muy dinámicos. La portada del álbum no dejaba de asombrarme, solía extasiarme contemplando fijamente sus caras, sus perfectos afros fundiéndose unos con otros. Ni que decir tiene que su imagen inspiró la elección de mi peinado.

Durante el concierto, papá sacó una Leica. Al ser fotógrafo y comprender lo que aquella velada significaba para mí, quiso documentarla. Hasta el día de hoy, una fotografía de aquel concierto permanece en mi pared y es una de mis posesiones más preciadas. Da fe de algo más que lo vivido en una de esas experiencias que te cambian la vida; es testimonio inequívoco del amor de mi padre y de su comprensión y aceptación de mi persona. Resulta muy interesante ver todo lo que echaba de menos en mí, así como recordar cuánta distancia había entre nosotros; pero estas cosas suceden del modo más inesperado, y en aquel milagroso instante, su perspicacia liberó una descarga de dimensiones proféticas. La epifanía del patriarca no sirvió sino para corroborar algo que parecía estar escrito sobre mi porvenir y la vida con la que yo soñaba.

En el taxi de vuelta a casa, di unas cabezadas recostándome en el brazo de papá. Jamás me había sentido tan próximo a él.

Aunque se preocupaba por mí, en realidad, papá nunca entendió cómo debía tratarme. Una mañana de domingo, no mucho después del concierto de los Jackson Five, me llevó a Central Park para verme correr en bici. Se sentó en un banco y yo salí pedaleando. Todo iba bien hasta que la rueda delantera topó con una piedra y caí al suelo. Me puse a llorar y papá se enfureció. «Si no dejas de llorar», dijo, «voy a darte algo por lo que llorar de verdad». Yo no entendía su ira. ¿Se había enfadado porque me había caído o porque estaba llorando? En vez de consolarme, me agarró del brazo y me llevó de vuelta a casa a toda prisa. Al llegar, le dijo a mamá que tenía a un llorica por hijo.

Antes que discutir con su marido, mamá esperó a la hora de irme a la cama y me preguntó si quería pronunciar la palabra mágica. Así lo hice, «Abracadabra», y de pronto Ruff Ruff se apareció ante mí. Ruff Ruff me escuchó pacientemente. Ruff Ruff comprendió mi confusión. Ruff Ruff entendió la vergüenza que yo sentía y alivió mis penas.

Aquel mismo año, mis padres me llevaron al Rainbow Room, en el piso sesenta y cinco del Rockefeller Center, en medio de los rutilantes rascacielos de Manhattan, para celebrar mi sexto cumpleaños. Actuaba esa noche Duke Ellington, con su orquesta uniformada de smoking, parecían diplomáticos. Duke vestía de blanco. El sonido de su big band era formidable. Mamá y papá conocían a Duke, que se acercó un momento a nuestra mesa a saludarnos. El gran hombre me tomó en brazos y dirigió a sus músicos mientras estos entonaban el 'Cumpleaños feliz'. El saxofonista Paul Gonsalves se adelantó y tocó la melodía en mis narices. Aunque no sabía cómo demostrar su afecto en la intimidad, conseguirme a Duke era el modo que tenía papá de hacerme sentir especial.

Otros adultos eran desacomplejadamente afectuosos, como por ejemplo, Sid Bernstein, el padre de mi amigo Adam. Sid era el promotor que había traído a los Beatles a América y había contratado su legendario concierto en el Shea Stadium. Sid trabajaba con todo el mundo, desde James Brown a Herman's Hermits.

Nuestro apartamento hubiese cabido en uno de los vestidores de las quince habitaciones del piso de los Bernstein en el 1000 de Park Avenue. Cada uno de los seis hijos de Bernstein disponía de su propio dormitorio con baño. El comedor de la familia era tan extenso como una bolera. Discos de oro enmarcados ocupaban las paredes. Tenían criados, cocineros y niñeras. Y también estaba Sid, un hombre corpulento y amable que nos llevaba a Patsy's Pizzeria en Harlem, donde se zampaba tres pizzas enteras. Sid rebosaba vida, diversión, y no ocultaba sus emociones. Cada vez que saludaba a sus niños —yo incluido— nos daba abrazos de oso y besos. Esa era la clase de afecto por parte de una figura paterna que yo anhelaba.

A pesar de las carencias afectivas, mi padre hizo cosas maravillosas por mí. A los siete años me llevó a Manny's Music, en la Calle 48, y me compró mi primera guitarra, una acústica Yamaha con pastilla integrada y botones de volumen y tono en la parte delantera. También me compró un pequeño amplificador para practicar. Yo había estado meses estudiando el catálogo Fender y me moría por una curvilínea Stratocaster de acabado *sunburst*. Pero papá me explicó que esta guitarra era un modo más versátil de iniciarme. No podía quejarme; y no lo hice.

Mi primer intento para componer música llegó gracias a un tipo que vivía al otro lado de la calle, Alex Weiner, un chico larguirucho de largas melenas. La familia de Alex tenía un apartamento muy chulo que parecía más propio de Greenwich Village que del Upper East Side. Su mamá era una hippie, una creyente en la libertad artística. La decoración de los Weiner parecía reflejar a la perfección su humor cambiante. Había estancias con las paredes pintadas de negro, otras cubiertas de grafitis garabateados. De hecho, la madre de Alex nos animaba a pintar en las paredes. ¡Me encantaba ese lugar! Mejor aún, Alex poseía precisamente la Stratocaster con la que yo soñaba, y un ampli Fender. Juntos compusimos algo titulado 'I Love You, Baby'. ¿Qué podía saber yo del amor con aquella edad? Pero sí sabía que la palabra «amor» debía aparecer en la letra.

Es posible que, sin advertirlo, compusiéramos un poco colocadetes, pues el apartamento de Alex siempre olía a marihuana. Un aroma que no era nuevo para mí; también se olía por todas partes en Bed-Stuy. Era también una fragancia presente en las fiestas a las que me llevaban mis padres de niño. Mamá y papá no fumaban, pero muchos de sus amigos sí lo hacían.

La hierba parecía inofensiva, cosa que no podía decirse de otros estimulantes. Vi cómo la madre de un buen amigo se perdía por culpa de drogas de curso legal. Vivían en un enorme apartamento en el 1010 de la Quinta Avenida, un prominente edificio en la esquina de la Calle 82, a solo dos puertas de donde residíamos nosotros. Su hogar era un desastre: platos amontonados en el fregadero, ropa sucia por los suelos, rebosantes cubos de basura. Cuando se lo conté a mamá, salió corriendo para comprobarlo y acabó lavando platos, fregando suelos y abriendo las ventanas para que entrase aire fresco. Incluso bañó a la pobre mujer y la vistió con ropa limpia. La convenció para que buscase ayuda profesional. Así era mi madre: una salvadora de almas perdidas.

A mamá le gustaba la música tanto como a mí. Dos de sus más preciados álbumes, *Imagination* de Gladys Knight

& the Pips, e *Innervisions* de Stevie Wonder, formaron parte de la banda sonora de mi infancia. Me encantaba interpretar el disco de Gladys para mi madre. Cantaba sobre 'Midnight Train to Georgia' y ella se sentaba, atenta a cada uno de mis gestos. Dejaba que sonase todo el álbum sin dejar de observarme. Incluso hoy, medio siglo más tarde, la hermosa calidez del tono vocal de Gladys me reconforta. Gladys da voz al espíritu de mi madre. El alma de mamá y la voz de Gladys siempre irán unidas en mi corazón.

El álbum de Stevie fue toda una revelación. Fue la primera secuencia de canciones que escuché fijándome en cada pista, en cada capa como si se tratara de una entidad en sí misma. Fue mi primera introducción consciente al significado de un arreglo musical. Incluso de niño, veneraba ya *Innervisions* como lo que era: una obra de arte. En su conjunto es una auténtica maravilla técnica. Además de apreciar la intrincada construcción de cada canción, disfrutaba de la espiritualidad de Stevie. En mi vida posterior, al escuchar el álbum una y otra vez, visualizaba a Stevie sentado en la palma de la mano de El Altísimo.

El verano de 1973, mamá y papá me mandaron al norte del estado durante dos meses, a Lincoln Farm, un campamento al aire libre en Roscoe, Nueva York. Llevé mi Yamaha y uno de los monitores, que tocaba la guitarra, me enseñó a tocar canciones como 'Take Me Home, Country Roads' de John Denver. Dispuesto a que no me dejasen de lado, me alisté en la banda musical del campamento. Cuando el día de las visitas se presentaron mamá y papá, ahí estaba yo, tocando la guitarra acústica en la banda. Lo nunca visto, supongo. A mamá y a papá les pareció de lo más divertido.

De vuelta en casa tras el campamento, mamá me apuntó a clases de guitarra en la Harlem School of the

Arts. Tenía nueve años. Me enseñó a viajar solo en autobús desde Madison hasta Harlem. Me encantaba aquella sensación de independencia, y me sentía feliz de poder aprender a tocar mi guitarra. Debo decir que no se me daba bien leer partituras, pero podía tocar de oído. Mi oído siempre fue y es mi gracia salvadora.

ISLAS Y ANCESTROS

BAHAMIAN RHAPSODY

Manhattan y Brooklyn: los primeros dos lugares que forjaron —e imprimieron una huella indeleble— en mi carácter.

Luego vendrían las Bahamas.

Allí estaban, claro está, las raíces del abuelo Albert. Pero una vez las vi con mis propios ojos, las sentí y respiré su aire, se convirtieron, de inmediato, en mis propias raíces también.

De la primera visita guardo el recuerdo acaso más impresionante. Fue en Navidad, yo tenía cinco años. Desperté en nuestro apartamento de Nueva York, me asomé a la ventana y vi que estaba cayendo una gran nevada. Mamá había hecho todas las maletas, ¡y nos pusimos en marcha! Pillamos un taxi en plena tormenta de nieve hasta JFK para tomar el vuelo a Nassau. En aquella época, viajar en avión no era algo que uno pudiera tomarse a la ligera. Se acicalaba uno de lo lindo para la ocasión. Mamá llevaba un conjunto azul. Papá traje y corbata. Yo vestía una chaqueta deportiva y pantalones a juego.

Atravesar la terminal de TWA era toda una aventura. El edificio parecía sacado de *The Jetsons*, y era un ejercicio de estilo de ingeniería aeronáutica diseñado por Eero Saarinen, con techos alados y ventanales en ángulos inverosímiles sobre las pistas. Luego, al llegar a la terminal de Pan Am, me pareció divisar el 707 que iba a transportarnos a nuestro destino como si de una máquina del tiempo se tratara. Mamá me ajustó el cinturón de seguridad. Al despegar me latía el corazón al ver cómo penetrábamos las nubes, elevándonos sobre la capa de turbulencias y contemplando los grises del manto nuboso que iba dando paso a un radiante azul. Tomé un refresco y hojeé unos cómics de *Archie* mientras papá leía el *New York Times* y Mamá estudiaba uno de sus guiones. Tres horas más tarde, el gigantesco pájaro aterrizó en una isla bañada por el sol. Cuando la elegante azafata abrió la compuerta, la cabina se impregnó de un aire sumamente agradable, era húmedo y traía consigo fragancias florales. Descendimos por la escalera hasta la pista y entramos en la terminal, donde nos recibió una banda de *steel drums** con sus melifluas tonadillas de bienvenida. Ritmos suaves, sensación de relajación. Esau, el primo de mamá, nativo guapetón y tranquilo, nos esperaba con su hija de doce años, Jennifer; nuestra hermosa familia de Nassau.

A menudo íbamos solamente mamá y yo; en ocasiones especiales la expedición era más numerosa: papá, el abuelo Joe y la abuela Jean, mis hermanas Laurie y Tedi, y, por supuesto, el abuelo Albert y la abuela Bessie. También pasé allí muchos veranos alejado de mis padres, en compañía de Esau, Jennifer y la madre de Esau, a la que llamábamos cariñosamente Roker.

Sin embargo, aquella primera vez, cuando fuimos mamá, papá y yo, nos quedamos en Paradise Island. Ac-

---

* El *steel drum* (o *steel pan*), también llamado en castellano tambor metálico, es un bidón de petróleo de doscientos litros, construido con acero, cuyas tapas son hábilmente esculpidas y moldeadas a fin de afinarlas en escala cromática, aunque también se afinan en escala diatónica. Se cree que es el único instrumento musical acústico no electrónico inventado en el siglo XX. Se tiene noticia de la construcción de los primeros tambores en los años treinta en la caribeña Trinidad, frente a las costas sudamericanas.

tualmente, Atlantis se ha convertido en un resort al estilo Disneyland; pero, en aquella época, el ambiente era todavía muy auténtico. Nos hospedamos en el hotel Britannia Beach, último refugio de la sofisticación a lo James Bond, donde mujeres vestidas de noche y hombres con smoking jugaban en el casino y acudían al nightclub TradeWinds para escuchar a Ronnie Butler & The Ramblers. Grandes músicos, de Count Bernardino a Mighty Sparrow (el de Trinidad), actuaban por toda la isla. Peanuts Taylor, un percusionista que había reinado por todo lo alto en el Tropicana de La Habana anterior a la revolución, regentaba su propio club, el Drumbeat, donde bailarinas semidesnudas escupían llamaradas. Siendo niño, pude disfrutar de esa embriagadora combinación de música, fuego y carne.

Nassau no siempre fue un paraíso. La primera vez que me quedé con Esau, me presenté con un enorme afro. A Esau aquello le disgustó, no encajaba con su talante conservador. Dicho y hecho, me llevó al patio trasero e insistió en que me sentara en un taburete. A continuación sacó una cazoleta, me la ajustó en la cabeza y me trasquiló como a una oveja. Me enfurecí, pero era una persona adulta y me habían enseñado a obedecer a mis mayores. Además, no podía estar enfadado con Esau durante mucho tiempo. Era una persona demasiado hermosa.

Nassau tenía un efecto dulcemente narcotizante en la gente, incluso en papá. Una vez allí, el trajeado Sy Kravitz cambiaba de ropa y se enfundaba en camisas floreadas de cuello abierto y pantalones cortos de lino blanco. Comía pichón con arroz, pargo frito y *johnnycake*, que lo lugareños llaman *yaniqueque*. Esau lo llamaba en broma Conchy Joe, denominación que reciben los blancos en las Bahamas. Papá también bajaba la guardia conmigo en Nassau, allí podía hacer casi todo lo que se me antojara.

Un día vi a mi padre y a Esau en los muelles con los lugareños dándose un festín con caracoles a la brasa, uno de los manjares típicos del archipiélago. Arrancaban la carne de la concha, la rociaban exprimiendo lima y limón sanguino, añadían pimienta picante y se la echaban gaznate abajo tal cual (incluyendo la pistola, un músculo protuberante, de la que se dice que es un potente afrodisíaco). El único lugar donde recuerdo haber visto a mi padre feliz como en ningún otro lugar fue en la cocina de la abuela Bessie. En el apasionante mundo de los Roker, papá se desprendía de la dureza de su carácter y mostraba una actitud relajada que no tenía en Manhattan.

Esau era ingeniero en una empresa de comunicaciones. También se encargaba de las casas para los «pájaros de nieve», los residentes de invierno así llamados porque acudían a las islas huyendo del frío. Su propia casa era modesta e inmaculada. El patio trasero estaba repleto de árboles de mango. Me subía a ellos, arrancaba los mangos y me los zampaba acto seguido hasta quedarme embadurnado de su pegajoso néctar. Pasaba el día en la playa y las noches en el cine Wulff Road, donde una vez echaron una sesión doble de Bruce Lee con *Furia oriental* y *El furor del dragón*. El público gritaba a todo pulmón a la pantalla. Yo también aullaba con ellos. Bruce era mi ídolo.

En Nassau podías desfogarte en el cine, pero en casa había que observar buenos modales. Allí descubrí de dónde provenía la impecable educación de mi madre. Todo era «sí, señor» y «sí, señora», «por favor» y «muchísimas gracias». A la hora de comer, te sentabas formalmente, nada de codos en la mesa. Y hablabas solo cuando te hablaban. Mamá lo llamaba «educación doméstica de las Bahamas».

Esta educación sirvió su propósito. Las buenas maneras me acompañaron siempre, al igual que el acento del lugar. A mi madre le pareció gracioso que empezara a llamarla «mami». Nassau se convirtió en una especie de tercer hogar. Me sentía tan a gusto allí como en Brooklyn o Manhattan. Las Bahamas las llevo en la sangre. Cuanto mayor me hacía, más estrechamente sólido se hacía el vínculo. Esas islas nunca dejaron de invocarme y embelesarme con sus encantos, nunca dejaron de nutrirme, en todos los sentidos. Nunca dejaron de proporcionarme la serenidad que no he hallado en ninguna otra parte del mundo.

PADRINO

Tan pronto llegamos a Nueva York, la melosa aura de las Bahamas se desvaneció abruptamente. Papá regresó al mundo de las noticias, los negocios, el orden y la disciplina. Nunca dejó de gritarme para que ordenara mi habitación. Cierto es que tampoco estuve nunca a la altura de sus expectativas. A fin de que reinara la paz en el hogar, mamá le animó a iniciar una serie de salidas conmigo. Nunca fueron tan cálidas y amistosas como yo hubiese deseado pero, aun así, me encantaba estar con él. Como todo hijo de vecino, quería estar con mi padre.

Nuestros buenos momentos discurrían como refiero a continuación: empezábamos hacia las once paseando hasta Lexington, donde me compraba un cucurucho de helado de mi elección antes de dirigirnos a un pequeño establecimiento con una marquesina verde y blanca donde se leía «OTB», una casa de apuestas. Mientras yo me quedaba sentado en una esquina, papá escrutaba la *Daily Racing Form* antes de hacer su apuesta. Era un jugador consumado. Más tarde me enteraría de sus deudas secretas pero, por aquel entonces, no tenía ni la más remota idea de lo que se traía entre manos con esas aficiones. Simplemente pensaba que le gustaba apostar a los caballos. Parecía una afición tan saludable como cualquier otra.

Próxima parada: compras, ritual este que debo decir que me complacía sobremanera. Disfrutaba al tener un padre apuesto, con buen gusto. Cuando el viejo sastre italiano le vestía con trajes de franela hechos a medida, tras haber señalado las costuras con tiza, mi padre parecía un presidente o un rey. Y para acabar hacía que le gravasen las iniciales en los puños de sus camisas, en todas y cada una de ellas: *SK*.

En algunos de esos días en los que mamá nos encomendaba la misión de estrechar el vínculo paterno-filial visitábamos a Peter Arnett, amigo de papá y también reportero en Vietnam en 1968, que más tarde se haría famoso cubriendo la guerra del Golfo para CNN desde Bagdad. Peter se había casado con una vietnamita llamada Nina, y fue en su apartamento donde me hice amigo de su hijo, Andrew, y de su hija, Elsa. Allí aprendí a comer con palillos, mientras escuchaba las hazañas bélicas que intercambiaban Peter y papá.

A veces, visitábamos a otros colegas. Papá era capaz de navegar por distintos mundos con soltura y sin temor alguno. Uno de esos mundos era el de la estimulante y saludable cultura de la que disfrutaba uno entre periodistas, productores de televisión y músicos de jazz. El otro era algo más misterioso.

Aquí entra en escena el tío Vinnie, un personaje arrancado directamente de una película de Scorsese. Nunca supe cómo papá y él se habían conocido. Pero estaba claro que se gustaban el uno al otro y, todavía más, que papá sentía un respeto infinito por Vinnie. Y como realmente se gustaban, Vinnie se hizo íntimo también de mamá y de mí.

Algunas veces almorzábamos con tío Vinnie en restaurantes italianos del Midtown. Otras le visitábamos en su casa de Queens. Mi madre fascinaba al tío Vinnie. La respetaba y apreciaba su belleza, y admiraba su clase. Cuando ella nos acompañaba en aquellas veladas, hacía lo imposible por encontrar un restaurante muy exclusivo, con la mejor mesa y los mejores caldos. Al intervenir mamá, él escuchaba atentamente cada palabra que salía de sus labios. A menudo le traía regalos, un pañuelo de Hermès o un frasco de Chanel N° 5. Ella no podía evitar que le cayera bien. El tío Vinnie no pasaba desapercibido. Era un hombre grande, de marcado acento neoyorquino, siempre afable contigo. Me agradaba su aura enigmática. También me gustaba el hecho de que siempre ponía de buen humor a papá. Tengo para mí que a mi padre le gustaba sentirse cerca del poder. No importaba donde estuviese, el tío Vinnie imponía, rodeado de enormes platos de pasta y por su séquito de compinches. Percibí el calibre de su importancia cuando, durante uno de nuestros almuerzos, se presentó Sammy Davis Jr., vino directamente a nuestra mesa y, antes de saludar a nadie, besó al tío Vinnie en ambas mejillas.

El Tío Vinnie era un personaje omnipresente en nuestras vidas. Su luz brillaba resplandeciente, y su presencia tenía las raíces de un árbol. Mi padre me contó que Vinnie era mi padrino y que siempre velaría por mí.

MADRINA

Mi madre me bendijo con el nombramiento cinco madrinas. Sin la presencia de mujeres negras, hermosas y fuertes, definitivamente, no sería quién soy. Su energía femenina negra, nutritiva y positiva, provenía del centro del universo. Y esa energía me rodeaba y me poseía. Yo era hijo único, pero nunca me sentí solo pues mi madre había tejido una red protectora con las tías más impresionantes del mundo. No exagero al decir lo reconfortante que era saber que aquellas fuerzas de la naturaleza velaran por mi bienestar.

Primero, Cicely Tyson. Antes de comprender la verdadera hondura de su glamour y su condición de ícono, solo sabía que me recordaba a mi madre; algo que guardaba relación con su físico y por cómo se comportaban cuando estaban juntas. Desde el primer abrazo, la madrina Cicely te hacía sentir como en casa. Vivía en la Quinta con la 79. Roxie y Cicely eran hermanas del alma. Era mamá quien la había sustituido en *Los negros* de Jean Genet en la St. Mark's Pace Playhouse. Nunca visitamos el apartamento de la madrina Cicely. Nadie lo hacía. Era ella quien venía a vernos. El hecho de que el lugar donde vivía estuviera fuera del alcance del mundo exterior, contribuía a engrandecer su misterio.

Siempre admiré a la madrina Cicely, pero no fue hasta que la vi actuando en *The Autobiography of Miss Jane*

Pittman que me di cuenta de sus portentosas habilidades para la interpretación. Había leído sobre la esclavitud en la escuela y, naturalmente, en casa se hablaba largo y tendido sobre esta cuestión en numerosas ocasiones, pero nunca lo había visto reflejado en la gran pantalla. Y cuando por fin lo hice, me quedé asombrado, entristecido, y luego enfurecido. Incluso ahora puedo recordar, con la más absoluta nitidez, la escena en que la ya anciana Miss Pittman recorre el angustiosamente interminable trayecto hasta alcanzar la fuente —cuyo use y disfrute solo se permite a los blancos— y beber en ella. Malos tiempos para la épica.

En segundo lugar estaba la sin par tía Shauneille. Shauneille Perry y mamá habían ido juntas a Howard y estudiaron en la misma compañía teatral en Copenhague. La tía Shauneille sentía tal grado de pasión y devoción por las artes que llegaría a ser una de las voces más importantes de su generación. Hizo carrera como actriz, autora y directora de renombre, y su hogar en el 444 de Central Park West se convirtió en poco menos que una meca cultural, el cuartel general no oficial del Black Arts Movement. Siempre que la visitaba, podía apalancarme en un rinconcete de la sala de estar donde podía uno disfrutar de los recitales de poesía con gente como Nikki Giovanni o asistir a ensayos teatrales. Me encantaba el arte dramático. Estos artistas rebosaban energía y optimismo, y mamá estaba en el epicentro de toda esta fascinante escena. La energía y el optimismo eran dos de sus rasgos más característicos. Esa fue mi escuela.

La gigantesca sala de estar de la tía Shauneille daba cobijo, entre muchas otras pertenencias, a un enorme árbol de aguacate, estanterías de libros que trepaban hasta lo más alto de sus palaciegas paredes, pinturas y vistosas máscaras africanas que me fascinaban. Shauneille le puso a su hija el nombre de su prima hermana, Lorraine Hansberry, autora de la inmortal obra de teatro

A Raisin in the Sun, en la que se inspiró Nina Simone para la composición de 'To Be Young, Gifted and Black'. Primera mujer y dramaturga afroamericana en estrenar una obra en Broadway, Hansberry fue una de las luminarias más influyentes de la escena literaria de la época. Tuvo una dolorosa muerte a causa de un cáncer de páncreas con tan solo treinta y cuatro años. Su tocaya y yo crecimos como hermanos de sangre.

La escritora Toni Morrison era otra de las amigas íntimas de mamá. Estudió en la universidad con ella y la tía Shauneille, donde también pasó a formar parte del grupo teatral Howard Players. Conservo muy grato recuerdo de las tardes en su casa jugando con sus hijos Dino y Slade.

Mamá y Shauneille habían estado en la prestigiosa Negro Ensemble Company, junto a Godfrey Cambridge, Adolph Caesar y Al Freeman Jr. Vi a mamá compartiendo cartel con Carl Byrd y Graham Brown en *Behold! Cometh the Vanderkellans*, y en *Jamimma* con Dick Anthony Williams y Arnold Johnson.

Mi madre nunca me indujo a probar suerte con la interpretación, aunque me confió que ella sospechaba que se me podía dar bien. Aun así, se mostraba ambivalente al respecto. Pero ese no era el problema de Shauneille: me dio un papel en un especial navideño que dirigía, con Ossie Davis y Ruby Dee. También aparecí en un anuncio de Marx Toys, donde actuaba junto a un muñeco de Johnny West. Y luego mi madre y yo aparecimos juntos en el espectáculo *Pets Allowed*.

Pese a estos papeles ocasionales, no fui víctima del hechizo necesario para consagrar mi carrera artística al teatro. No me incomodaba la proyección de semejante profesión, pero tampoco la buscaba. Lo que sentía por la interpretación no era nada comparado con lo que sentía por la música. La interpretación no iba a señalar el curso de mi vida. Mi verdadera pasión estaba en la música.

Mi tercera madrina fue Diahann Carroll. La tía Diahann asumía su éxito con orgullo. Diestra y versátil como pocas —actriz, cantante, bailarina— ganó el premio Tony (la primera mujer negra que lo conseguía como mejor actriz) y luego fue estrella de cine. Poco después rompió moldes con *Julia*, la primera serie de televisión sobre una profesional, mujer y negra. La tía Diahann se casó tres veces, además de mantener una relación con Sidney Poitier que duró una década. Yo tenía nueve años en 1974 cuando mis padres me llevaron al estreno de *Claudine*, una película sobre la problemática que afligía a la población afroamericana protagonizada por la tía Diahann junto a James Earl Jones. Mamá también tenía un papel en *Claudine*. Me entusiasmó.

La cuarta madrina: Joan Hamilton Brooks en Los Ángeles, la amiga más antigua de mamá. Las dos crecieron en Bed-Stuy, fueron juntas al Girls High, y luego trabajaron ambas en la NBC. Mamá y la tía Joan parecía que hubiesen nacido unidas por las caderas. Cada mañana tomaban el metro juntas y, a la hora del almuerzo, salían corriendo a fisgonear los escaparates de Saks. Iban juntas a fiestas y disfrutaban de la vida social, pero Joan era mucho más aventurera que mamá. Le gustaba vivir al filo de lo convencional, con toda suerte de excentricidades y podía cantar divinamente. Conectamos. Años más tarde, al tener la tía Joan un espíritu tan juvenil, podía hablar con ella de cosas de las que no podía con mi madre. Con ella podía realmente bajar la guardia.

Quinta, y última, Joy Homer. Parecía una *starlette* de Hollywood. La tía Joy y mamá también eran amigas desde su más tierna juventud y fueron hermanas hasta el final. Cuando nací, el primer lugar al que fuimos fue a casa de Joy, donde estuvimos una semana. A lo largo de nuestras vidas, la casa de Joy en St. Albans, Queens, fue como una especie de oasis. Innumerables fines de semana, tomábamos con mamá el Long Island Rail Road hasta casa de Joy, una encantadora construcción de estilo Tudor con piscina. El marido de Joy, Lee, era propietario de una licorería muy popular en Brooklyn, y les encantaba montar grandes fiestas para la familia y los amigos. Joy era todo un personaje; disfrutaba de sus Benson & Hedges 100 y un vaso de cristal con vodka. Nuestras historias pronto se entrelazarían.

Cicely, Shauneille, Diahann, Joan y Joy. Viéndolo retrospectivamente, la imagen de aquel quinteto de la guarda se me aparece como una estrella de cinco puntas, con Roxie justo en el centro. La energía femenina negra con la que me embriagué y alimenté mi espíritu es una de las razones por las que mantuve la cordura en épocas muy locas.

DILO BIEN ALTO, SOY NEGRO
Y ESTOY ORGULLOSO DE SERLO

A lo largo de la historia reciente, las personas negras o bien han sido infravaloradas o apenas han sido pasto del interés de los medios de comunicación. Esa es la razón por la que mi madre me llevaba a los más recónditos tugurios de la ciudad de Nueva York. Íbamos a obras de teatro, veíamos coreografías, leíamos libros, íbamos a recitales de poesía. Fue entonces cuando llegó una nueva oleada de películas negras. En 1974, la tía Diahann Carroll estrenó su filme *Claudine*. En la película, interpreta a una madre soltera que trabaja duro criando a seis hijos. El novio de Claudine, interpretado por James Earl Jones, es basurero. Juntos, se las ven y se las componen para superar las miserias de la vida urbana. Mi madre interpretó a su asistenta social. La voz musical de la historia la puso Gladys Knight, cantando las conmovedoras canciones escritas por Curtis Mayfield.

Yo sentía una gran conexión con Mayfield. Con su banda sonora para *Super Fly* alcanzó, en mi opinión, consagración como héroe del momento. Mis padres tenían el álbum de carátula desplegable en cuya portada se ve el rostro de Curtis y, justo debajo, al melenudo y vestido de blanco Ron O'Neal, «super fly» Youngblood Priest, con los brazos cruzados y pistola apuntando erguida mientras la sexy Georgia, interpretada por Sheila Frazier, yace a sus pies.

Como *What's Going On,* de Marvin Gaye, el álbum de Curtis era desacomplejadamente funky pero de un modo muy sutil: Marvin implorando clemencia 'Mercy Mercy Me', Mayfield encarnando al camello 'Pusherman'. Las canciones y las películas de aquella época daban noticia de la vida real en las calles de la urbe, daban voz a las fantasías y frustraciones de sus fans.

Filmes como *Five on the Black Hand Side* dramatizaban la profunda división en el seno de la comunidad negra: el padre negro conservador y rígido; la madre negra sobrecargada de trabajo y ninguneada, la hija rebelde, el hijo militante. Las historias de las vidas de los negros me intrigaban, especialmente aquellas que versaban sobre los conflictos entre padre e hijo con las que, cómo no, podía identificarme.

También me fascinaban películas como *Shaft, Sweet Sweetback's Baadasssss Song, Across 110th Street* (con un tema de Bobby Womack que se convertiría en una de mis canciones favoritas), *Hammer, Trouble Man, The Mack*; y canciones como 'Living for the City' de Stevie Wonder, 'I'll Take You There' de los Staple Singers, 'Lean on Me' de Bill Withers y 'Yes We Can Can', de las Pointer Sisters.

Tras ver a los Jackson Five, el advenimiento de la segunda iluminación que cambiaría mi vida para el resto de mis días llegó cuando contaba apenas ocho años y mamá me llevó al Apollo a ver al Padrino del Soul, el todopoderoso James Brown. En casa teníamos todos sus singles y media docena de sus álbumes, pero la audición de sus discos no me habían preparado para lo que estaba a punto de presenciar en el Apollo. Mamá creía que era sumamente importante que tuviera esa experiencia y, como de costumbre, una vez más, mamá tenía razón.

Viajamos en metro hasta el Uptown. Al bajar por la Calle 125, con R&B sonando a todo volumen desde las tiendas de discos, vimos a tipos paseando con sus mejores pintas. Me sentí estupendamente. Y aún me sentí mejor cuando llegamos a nuestras butacas en la quinta fila. El ambiente en el interior del Apollo era especialmente denso por la humareda. Las cortinas y las luces en escena eran de color magenta oscuro y de un rojo oxidado. No había decorado en escena y poca falta que hacía. Cuando apareció James y nos fulminó con 'Super Bad', el público se levantó de sus butacas para no volver a sentarse.

James no paró de moverse. No es que alumbrara ritmos; él mismo *era* puro ritmo. Cantaba, aullaba, se derrumbaba sobre las rodillas, se revolvía cual poseso en sus histriónicos giros, manejaba el micrófono como un mago. Nos sacudió las vísceras con 'Soul Power'. Otro tanto hizo con 'Get Up (I Feel like Being a) Sex Machine'. Bootsy Collins, su nuevo bajista con solo diecinueve años, lucía un afro enorme, ladeado. Lucía la pinta más espectacular que jamás se haya visto. Todo aquel asunto me dejó noqueado, traspuesto.

Al finalizar el espectáculo, nos colamos entre bastidores con mamá: los músicos guardaban sus instrumentos y los técnicos recogían el equipo. Fuimos directamente al camerino de James y echamos un vistazo. Yacía descamisado, con el cuerpo cubierto de sudor, su cabello despeinado. Mamá le saludó de lejos, James le respondió. Pensó en entrar y presentarme, pero la habitación era pequeña y ya estaba atestada de gente. Salimos por la puerta trasera en plena noche, la música de James Brown todavía sonando en mi cabeza, mis pies todavía en movimiento. Harlem estaba muy vivo.

Siendo preadolescente, podía tomar el tren A yo solo desde Manhattan, pasando bajo el East River, hasta Brooklyn, donde me bajaba y tomaba el autobús que me dejaba en Throop con Kosciusko. Manhattan era majestuosa, pero mi base estaba en Bed-Stuy. Al finalizar la semana, me moría de ganas de volver a Brooklyn.

Acompañaba a la abuela a las casas donde hacía la limpieza.

Iba con el abuelo a la biblioteca pública, donde buscaba información en un montón de libros de historia y filosofía.

Correteaba por las calles y asistía a las fiestas del barrio.

También vi mucho sexo. Los chicos allí empezaban muy pronto. Las chicas tenían bebés a los trece. Pillé a mi colega de nueve años Tommy follándose a una chica ante la puerta de su casa. Al terminar, se giró y me dijo: «Mi polla necesitaba algo de comer».

No supe bien qué quería decir con eso. Yo no sabía nada de sexo.

Habrían de pasar aún unos cuantos años hasta que perdí la inocencia.

Cuando era niño, mi afro era para mí un rasgo muy importante de mi personalidad. Era parte de mi identidad. Además de los Jackson Five, me chiflaba un cantante de once años llamado Foster Sylvers, cuyo tema de éxito adoraba. No pude pillar el título cuando sonó por la radio, pero memoricé la melodía. Un sábado por la mañana en Bed-Stuy, corrí hasta la tienda de discos en la avenida DeKalb y le canté la canción al tipo tras el mostrador. Me dijo que era Foster cantando 'Misdemeanor'. Y me mostró una fotografía de Foster exhibiendo una cofia en forma de globo tan gigantesca que prácticamente le cubría los ojos. En ese momento decidí que tenía que superar a Foster. Aunque era solo un crío, era un chaval negro en ciernes y estaba muy orgulloso de serlo.

Al mismo tiempo, también era un crío multicultural y, como mis primos judíos, quería celebrar el Bar Mitzvah.

Papá y mamá no pusieron objeciones. Entonces descubrí que los *yarmulkes* no estaban hechos para afros; ¡no lograba mantenerlo en mi cabeza! También ocurría que, al ser el único niño negro en una escuela judía, me sentía desplazado. Los rabinos y los demás niños no decían nada; no hacía falta. Sus miradas lo decían todo. Casi podía oírles pensando: «¿Qué hace este crío aquí?». No aguanté mucho tiempo allí, y finalmente no hubo Bar Mitzvah.

Sin embargo, esto no me apartó de la tradición judía. La abuela Jean y el abuelo Joe nos invitaban siempre durante las celebraciones. Recuerdo un Hanukkah en un gran salón de Long Island. Con mis primos nos hicimos con una botella de Manischewitz, nos escondimos en un rincón, y nos la bebimos. Al principio todo fue bien, y cuando acabó la fiesta, mis padres me llevaron en coche hasta Bed-Stuy. Ahí fue donde empecé a sentirme raro. Al llegar a casa de los abuelos, se me iba la cabeza. Subí con la abuela Bessie, que me tumbó en su cama. Traté de ver el especial navideño de *The Waltons*, pero no pude. La habitación giraba a mi alrededor. El mareo dio paso a las náuseas. Me levanté a cambiar de canal y, antes de darme cuenta, vomité sobre el televisor. Ahí fue cuando la abuela me bajó por las escaleras hasta el baño y me sentó en el inodoro. Salía por ambos lados. Un desastre. Estuve con náuseas durante horas y pasé toda la siguiente semana en cama. Nunca me había sentido tan mal. Desde entonces no he vuelto a emborracharme.

MASTER LEONARD

Un verano, mamá me llevó a California a visitar a mi madrina Joan Hamilton Brooks. Tía Joan vivía en Santa Mónica con su marido Bobby y su hija Heather. La primera impresión que me llevé del sur de California fue muy agradable. Me gustaba la playa, pero lo que más me gustaba era la música que escuchaba en el Forum.

Ver a los Jackson Five en el Garden me cambió la vida, igual que ver a James Brown en el Apollo. Pero nunca antes había visto nada como Earth, Wind & Fire. Un espectáculo alucinante. Las canciones —'Shining Star', 'That's the Way of the World', 'Reasons'— sonaban con una fuerza monumental. Los trajes eran de otro mundo: todos en la banda parecían reyes alienígenas llegados de otro planeta. Las polirritmias de sus composiciones, amplificadas por la pirotecnia, me dejaron poco menos que alucinado. Incluso siendo un niño, sentía que bajo aquellos enormes signos egipcios, las pirámides y demás iconos, había mensajes ocultos.

El público de Earth, Wind & Fire era más variado que el de James Brown en el Apollo, pero el funk era igualmente potente, la multitud tan salvaje como aquella. Me encantó contemplar a Verdine White tocando su bajo mientras levitaba sobre el escenario. El hermano mayor de Verdine, Maurice, era el maestro de ceremonias. En sus grabaciones, acumulaba melodías una sobre otra perfectamente integradas: voces, cuerdas, vientos, percusión, coros. Al mismo tiempo, sus temas nunca sonaban enlatados. Respiraban. ¿Cómo lo hacían? Tenía que averiguarlo. Pasé años estudiando sus técnicas.

Lo opuesto a la experiencia Earth, Wind & Fire eran las veladas con mamá y papá en el sofisticado Carlyle Hotel, en el Upper East Side. Otro ritual familiar. Algunos sábados por la noche, bajábamos tranquilamente por Madison. Mamá con un vestido de cóctel negro, papá enfundado en un traje oscuro, y yo con chaqueta deportiva y pajarita. El Carlyle era un establecimiento de la vieja guardia donde se hospedaban presidentes, embajadores y estrellas de cine para pasar desapercibidos. A la derecha de la recepción estaba el Bemelmans Bar, con sus paredes decoradas con ilustraciones de Ludwig Bemelmans, el dibujante de los famosos libros infantiles *Madeline*. Después, nos dirigíamos al Café Carlyle, donde reinaba el amigo de mamá, Bobby Short.

Era un local intimista. De tenue iluminación. Mujeres con collares de perlas fumaban cigarrillos Parliament. Hombres trajeados de Brooks Brothers daban buena cuenta de sus martinis. Y Bobby vestía smoking, zapatos de charol con lazos de satén negro, sin calcetines. «Vaya, eso sí es chic», señaló papá.

Bobby se consideraba cantante de salón, pero era mucho más que eso. Tocaba el piano de maravilla. Su repertorio era amplio. Tenía un conocimiento enciclopédico de las canciones más populares de la época. Se sabía cada una de las tonadas escritas por Cole Porter. De hecho, había conocido a Cole. También sabía la historia detrás de cada canción o película para la que había sido compuesta, y quién la había cantado por primera vez. Era expresivo y ocurrente, y el hombre más bueno que jamás he conocido. Como adoraba a mamá, se aseguraba de que tuviésemos mesa en la pista. Un foco rosa captaba su sonrisa. Tenía un talante aristocrático. Actuaba con tal gracia y naturalidad que hasta un crío como yo —que amaba a los Jackson Five, James Brown y Earth, Wind & Fire— aprendía a enamorarse de canciones compuestas medio siglo antes.

No me volvía loco la comida del Carlyle —demasiado elegante y atrevida— pero me gustaba el modo en que el maître y los camareros me llamaban «Master Leonard». Tras el primer pase, Bobby se daba una vuelta por el local. Los fulanos y menganos de Newport, la Riviera francesa y la costa amalfitana, ansiaban tener su audiencia con este extraordinario caballero. Le adulaban como si fuese la reina de Inglaterra.

Acababa en nuestra mesa, sentándose para ponerse al día de las noticias de la familia Kravitz. «¿Cuál era la próxima producción de mamá? ¿En qué reportaje estaba trabajando papá para la NBC? ¿Nos habíamos enterado de que la noche antes Nina Simone había pasado a verle? ¿Y tú qué tal, hombrecito, te portas mal en la escuela o eres un buen chico?» Me frotaba la cabeza y decía que me había observado estudiando cómo tocaba el piano. Sabía que yo amaba la música. «En el próximo pase, chico», decía, «voy a tocar unos blues de lo más funky, para que veas que no estoy chapado a la antigua».

Y los tocaba. Bobby cantaba, a voz en grito, los lascivos blues de Bessie Smith. Yo era todavía demasiado joven para captar las insinuaciones sexuales, pero sentía la crudeza de los ritmos. Interpretó una versión de 'Romance in the Dark' durante la cual se levantó del piano, dio la espalda al público y se abrazó a sí mismo como si sus brazos fueran los de una hermosa desconocida a la que no podíamos ver. Yo estaba fascinado. Bobby me enseñó que no importa lo sofisticado que sea el estilo o la elegancia del entorno, lo importante es el alma.

Luego está la famosa historia de cuando mamá y papá llevaron al abuelo Albert a su guarida habitual, el Rainbow

Room, a ver su ídolo Ella Fitzgerald. Le habían dicho a Ella que en la sala había un gran admirador, así que, a mitad del concierto, cuando empezó a cantar 'Someone to Watch Over Me', extendió el brazo para darle la mano al abuelo y le miró a los ojos. Se quedó paralizado. Estaba tan nervioso que se limitó a mirarla como si estuviese a punto de desmayarse. Ni siquiera se le ocurrió darle la mano.

Tras el concierto, la abuela Bessie estaba muy disgustada con él. «Albert», le regañó, «finalmente tuviste una oportunidad con tu chica y la desaprovechaste».

Es la única ocasión que recuerdo en que mi abuelo se quedó sin palabras. En los partidos de los Mets, por ejemplo, no paraba de hablar, gritándole a los árbitros, animando a sus chicos. Antes de salir hacia el Shea Stadium, yo me ponía el jersey de los Mets que me había hecho mamá a medida. Le había cosido un «23», el número de Cleon Jones, mi jugador favorito. Eran los tiempos de Tom Seaver y Rusty Staub. No importaba el marcador, nos quedábamos hasta el último lanzamiento y salíamos de allí afónicos.

También me gustaba jugar al ajedrez, en cuyos rudimentos básicos me inició mi amigo Michael Lefer. Aprendí rápido. Nunca llegué a ser tan bueno como Michael —él se entrenaba para ser profesional— pero me defendía. Me uní a un club de ajedrez, aprendí estrategia, y desarrollé mi técnica, llegando a jugar con minutero. Me tomó un tiempo, pero una vez comprendí la estructura, había libertad, como en el jazz. El ajedrez conectaba con el lado musical de mi cerebro. Era todo ritmo. Piensa, mueve, clic. Piensa, mueve, clic.

El juego de la abuela Bessie era el bingo. Me llevaba a su iglesia, donde descubrí que no era un juego tan fácil como parecía. Era así porque la abuela jugaba con cinco cartones de bingo a la vez. Me sentaba a su lado y ella decía que le traía suerte. Ganaba con frecuencia y, como recompensa por mi paciencia, una vez me llevó en metro hasta el desfile navideño del Radio City Hall para ver a las Rockettes.

La estimulación cultural nunca cesaba. El abuelo Albert, que amaba la música clásica, tenía la radio sintonizada en la WQXR. Él y mamá me llevaban siempre al Lincoln Center a ver a artistas como André Watts, uno de los primeros afroamericanos que alcanzó la fama como concertista de piano. Luego estaban Stephanie Mills en *The Wiz*, Sherman Hemsley en *Purlie*, Linda Hopkins en *Me and Bessie*, Clifton Davis en *Two Gentlemen of Verona*. Y lo más emocionante de todo: ir con mamá a ver producciones del off-Broadway como *Dream on Monkey Mountain* con Roscoe Lee Browne.

Algunas vistas las descubrí por mí mismo, mayormente porque el Metropolitan Museum of Art estaba al otro lado de la calle. Me encantaba dar vueltas en bicicleta alrededor de las dos fuentes que flanquean la entrada principal. Extrañamente, la única vez que me atracaron no ocurrió en Bed-Stuy, sino justo en frente del museo, cuando un par de chicos sacaron una navaja y me robaron la bici, pero eso no me alejó de allí.

En el Met fui a clases de pintura y escultura. Recorrí las enormes galerías a solas. Contemplé las estatuas de heroicos guerreros y caballos cubiertos por armaduras. Allí estaba yo el día que inauguraron la famosa exposición del Rey Tut. Tomaba notas y hacía esbozos de las cosas que me llamaban la atención, como los frescos romanos y los majestuosos paisajes y retratos renacentistas, pinturas religiosas que parecían estar vivas, a menudo inscritas con la insignia «Volto Santo. Volto Santo». Yo iba repitiéndolo mientras andaba por allí. «Volto Santo. Volto Santo». «Rostro sagrado». Hubo una gran exposición titulada *From the Lands of the Scythians*, con relucientes tesoros de la antigua Grecia, Oriente Medio y el resto del mundo. Yo imaginaba que aquel era mi reino.

Debo admitir que tuve una infancia dorada.

Sí, tenía esos sueños terroríficos. Y siempre estaba de broncas con mi padre pero no cabe duda: lo bueno superaba con creces a lo malo. Era un crío muy alegre. Mamá era la razón principal de mi felicidad. A veces severa, siempre protectora, fui bien educado. Su método principal era simple: me amaba con toda su alma. Hablaba tan tranquila y gentilmente que ya imaginarás mi sobresalto cuando, sentado en el Brooks Atkinson Theatre al final de una obra de Broadway que ella protagonizaba, la oí decir palabras que jamás hubiese imaginado saliendo de su boca. Entonces yo no podía saber —ni tampoco mamá— que aquella interpretación iba a alterar su vida y la vida de su familia.

Mamá interpretaba a Mattie Williams, la protagonista femenina en *The River Niger*, una producción de la Negro Ensemble Company escrita por Joseph A. Walker y dirigida por el coprotagonista de mamá, Douglas Turner Ward. Mi madre tuvo muy buenas críticas, fue nominada a un premio Tony, y ganó un Obie. La obra ganó el Tony aquel año. Era 1974.

A los diez años, ya estaba acostumbrado a ver a mamá en escena. Era una profesional como la copa de un pino, sin tacha, en cualquier tipo de papel. Pero este era diferente. En esta ocasión se transformó a sí misma en una mujer con un cáncer letal cuyo esposo, poeta y alcohólico, estaba en desacuerdo con su hijo, un soldado. La obra reflejaba temas importantes: pobreza, militancia, brutalidad policial, la tensión entre el matriarcado negro y la masculinidad negra. Al final, el marido se sacrifica por el bien de su comunidad. Y queda en manos de su esposa, Mattie, pedirle a los supervivientes que lleven a cabo el plan de su esposo. Así que, justo antes de cayese el telón, mi madre, como Mattie, se levantaba y gritaba: «¡Y no se os ocurra cagarla!».

En respuesta, el público se alzaba de sus asientos y la aplaudía. Aquello hubiese bastado para generar un recuerdo que perdurase toda una vida. Sin embargo, como se vio después, entre bastidores se cocía algo más importante.

El productor televisivo Norman Lear se encontraba entre el público. Era la época en que su espacio televisivo *All in the Family* causaba sensación a nivel nacional. Lear planeaba un *spin-off* centrado en la némesis de Archie Bunker, George Jefferson, interpretado por el buen amigo de mis padres Sherman Hemsley. Viendo a Roxie Roker en Broadway, Lear la imaginó como Helen Willis, una vecina de los Jeffersons, que sería asimismo el título de la nueva *sitcom*.

Alrededor de una semana después, llamaron de la oficina de Lear para preguntarle a mamá si estaba dispuesta a hacer una prueba para el papel. Algunos amigos le advirtieron que la televisión le robaría el alma. Despreciaban las comedias televisivas pero mamá no era una esnob. Era pragmática. Aunque pese a ser una excepcional actriz dramática, nunca había ganado mucho dinero en el teatro. Esta era, sin duda, una gran oportunidad para ganarse la vida más desahogadamente. Su padre la había educado para que fuese autosuficiente. Le gustaba citar la canción de Billie Holiday que dice, «Dios bendiga a la criatura que tiene lo suyo».

Además, admiraba a Norman Lear y, al parecer, el respeto era recíproco. Cuando voló a Los Ángeles, él estuvo presente en la prueba. Y allí mismo le ofreció el papel, no sin antes advertirle de que tenía que entender algo esencial: iba a interpretar a la mujer de la primera pareja interracial en la historia de la televisión para grandes audiencias. Su personaje, Helen Willis, está casada con un hombre blanco al que tendría que besar. ¿Le preocupaba? En vez de responder, mamá sacó una fotografía de papá. «Este es mi marido», dijo. Lear sonrió. Cerraron el trato.

De regreso en Nueva York, nos explicó que tenía que volver a Hollywood para rodar el episodio piloto. No me hizo ninguna gracia. ¿Significaba esto que nos íbamos a mudar a Los Ángeles? Eso era lo último que yo quería. Estaba a punto de cursar sexto, el «senior year» en la PS 6, la escuela a la que había ido durante cinco años. Los de sexto curso eran los mejor considerados y los que mejor se lo pasaban. Tampoco quería dejar a mis amigos de la escuela ni a los colegas de Bed-Stuy. No quería abandonar al abuelo Albert y a la abuela Bessie.

No hay por qué preocuparse, dijo mamá. Se ruedan muchísimos pilotos, pero la mayoría no llegan a convertirse en series. Cabía la posibilidad de que todo quedase en simplemente una breve visita a la costa oeste. Ella estaría de vuelta en una semana. No había por qué asustarse ni adelantarse a los acontecimientos.

Aquella semana la pasé a solas con papá. Sin mamá, las buenas vibraciones se esfumaron del apartamento. Todo era triste y gris. Todo lo que papá sabía hacer era meterse conmigo por pequeñeces. Sin mi madre, mi mente era un caos.

Cuando volvió, todavía no se conocía el futuro de *The Jeffersons*. Primero tenía que emitirse el piloto. La noche del estreno, con mamá y papá, junto al abuelo Albert y la abuela Bessie, nos acomodamos en el sofá de la sala de estar y vimos el programa en nuestro televisor. Fue estupendo ver a mamá en su papel. Tenía un don natural para la actuación. El papel parecía hecho a su medida. Me sentí muy orgulloso de ella. En parte, deseaba que el programa fuese adelante, pero por otra quería que las cosas siguieran como estaban. Me moría de ganas por ser un tío importante de sexto curso.

La noticia no tardó en llegar. El piloto era un éxito. La respuesta del público había sido abrumadora. La cadena de televisión se comprometió a producir una temporada completa.

¿Qué significaba todo aquello?

Mamá me explicó que ella y yo pronto nos mudaríamos a Los Ángeles. Papá se reuniría con nosotros más tarde y yo iría a la escuela en California.

No hubo tiempo para reflexionarlo ni para poner objeciones. Las cosas iban a tal velocidad que la cabeza me daba vueltas. Excitado, enojado, ansioso, curioso: experimenté todas las emociones posibles. Nuestra vida patas arriba. No sabíamos lo que nos esperaba.

LUZ SOLAR
Y HUMO

PROSIGUE LA ASCENSIÓN

«¿Dónde está todo el mundo?»

Fue lo primero que pensé al despertarme en Santa Mónica, salir al balcón del apartamento y no ver una sola alma. Se olía el océano. En todas las direcciones se veían palmeras, pero no había nadie a la vista.

Era 1975, yo tenía, a la sazón, once años, y mamá y yo vivíamos en el 2901 de Fourth Street, en el apartamento de la tía Joan; con su marido, Bobby; su hija, Heather; y la mamá de Joan, a la que llamábamos Sarge (diminutivo de sargento). Todos temían a Sarge, una mujer de armas tomar que mandaba a Max, el schnauzer de la familia, a hacer sus necesidades a coz en grito. Sarge daba miedo, pero era también deliciosamente encantadora. Llegados a este punto, conviene aclarar aquí que a la tía Joan le había dado por el rock'n'roll. Llevaba un corte de pelo rubio de duendecillo y calzaba ajustadas botas metalizadas hasta las caderas. Iba de rollo funky espacial y parecía una de las componentes de LaBelle. Era evidente que a Joan había acabado gustándole Los Ángeles.

A mí, no. Santa Mónica me parecía desolador. Yo estaba acostumbrado al sonido de las bocinas de los taxis y a los rugientes vagones de metro. Aquel silencio resultaba horripilante. El Pacífico quedaba a solo unas cuantas manzanas, pero no se oían las olas ni se veía la arena. Me sentía perdido.

Nos hospedábamos en casa de Joan porque mamá no estaba segura de que *The Jeffersons* fuese a durar más de una temporada. Siempre práctica y muy austera, mamá quería ahorrar. Lo que significaba que ella y yo dormiríamos por un tiempo en el sofá cama de la sala de estar. No me importaba. Estaba acostumbrado a dormir con la abuela Bessie. Además, antes de conciliar el sueño, me gustaba ayudar a mamá a aprenderse sus diálogos. Yo interpretaba a los otros personajes. Cuando leía sus diálogos desganado, ella me decía: «¡Pon más sentimiento!».

Me llevó un tiempo adaptarme a California. Sin amigos, una cultura nueva, todo nuevo. Pero mamá, sumamente profesional, no se dejaba vencer fácilmente. Pese a que salía cada semana en un programa de televisión a escala nacional, y tenía una buena excusa para alimentar su ego, jamás lo hizo. Hollywood nunca logró seducirla. Era neoyorquina de los pies a la cabeza. Llevaba con orgullo en el cuello una cadena de oro de la que colgaba un *token*, una ficha para viajar en metro. Mamá era una curranta entre currantes. No sabía conducir y, llegados a este punto, no tenían ningún interés en aprender. No había nada malo en moverse en transporte público. Bajaba a la esquina a esperar un autobús que la llevase quince kilómetros a través de Santa Mónica hasta el centro del Wilshire District, donde se bajaba a esperar en otra esquina a otro autobús que la llevase por la Fairfax hasta Beverly Boulevard, donde estaban los estudios de CBS Television City. El trayecto duraba noventa minutos, pero nunca la escuché quejarse por ello. En contraposición, yo solo tenía que cruzar la calle para llegar a la Washington Elementary School.

Antes de mudarnos, me había estado quejando por verme obligado a dejar la PS 6 pero, aunque me disgustaba decirle adiós a los dos barrios que consideraba mi hogar, Bed-Stuy y Upper East Side, sabía que hubiese sido mucho más desgraciado si mamá me hubiese dejado en Nueva York con papá. En su mente, eso estaba fuera de toda consideración. Había decidido responsabilizarse de mi educación. Aunque nunca lo dijo, entendía que su esposo, por mucho que la quisiera, era incapaz de darme la atención o el afecto que yo necesitaba. Nunca sentí, ni por un instante, que pensase que llevarme con ella a Hollywood fuese una carga. Mamá y yo formábamos un equipo inseparable. Y si ella debía actuar como madre soltera al tiempo que cumplía con las pesadas exigencias de aparecer en un programa semanal de televisión, iba a hacerlo con todo el amor.

Siguiendo sus instrucciones, aprendí las rutas de autobús y, siempre que podía, iba hasta CBS a verla grabar su programa. Aquel mundo de la televisión entre bastidores me fascinaba y me divertía. Fue una de las razones por las que, pese a que añoraba mi vida en Nueva York, empezase a gustarme Los Ángeles.

El programa se grababa dos veces en un solo día, a las cinco y a las ocho de la tarde, y la edición final combinaba ambas representaciones. Cada una de las grabaciones era todo un evento. Se dejaba entrar al entregado público, ansioso porque comenzase el espectáculo. A continuación, los miembros del elenco salían, presentados individualmente, ante un estallido de aplausos.

¡Con todos ustedes, Ned Wertimer, el conserje Ralph!

¡Paul Benedict como Harrty Bentley!

¡Zara Cully como Madre Jefferson!

¡Berlinda Tolbert como Jenny Willis!

¡Mike Evans como Lionel Jefferson!

¡Marla Gibbs como Florence Johnston!

¡Franklin Cover como Tom Willis!

¡Roxie Roker como Helen Willis!

¡Sherman Hemsley como George Jefferson!

¡E Isabel Sanford como Louise Jefferson!

Isabel, la reina del espectáculo, aparecía la última

para recibir su aristocrática bienvenida, y el elenco al completo se inclinaba ante ella.

El programa en sí era siempre divertido. El público venía con ganas de reírse, y sus carcajadas resonaban causando gran estrépito en el estudio. El mundo real desaparecía en el interior de aquel hangar. Mamá se metía a fondo en su papel. Su personaje era esencial en la trama. Helen Willis era una liberal orgullosa de serlo y dispuesta a enfrentarse a la intolerancia de George Jefferson. La sincronización cómica entre Roxie Roker y Sherman Hemsley era perfecta. No sorprende que *The Jeffersons* acabara convirtiéndose en un clásico.

La primera temporada versó sobre el cambio radical en el estilo de vida de los Jefferson. La canción principal, compuesta y cantada por la actriz Ja'net DuBois de *Good Times*, así lo anticipaba: 'Movin' on Up'. Los Jefferson se mudaban al East Side, el elegante vecindario de Nueva York que mamá y yo acabábamos de abandonar. Se me hacía muy extraño contemplar el decorado con rascacielos pintados que servía de vista al exterior del falso apartamento en un estudio de Hollywood. Me habían sacado de un Nueva York real para meterme en un falso Nueva York donde mi madre se hallaba en el meollo de una comedia en la que la gente mejoraba su estilo de vida del mismo modo que mamá estaba haciendo lo posible por mejorar el nuestro. Los Kravitz tratábamos de iniciar la ascensión al mismo tiempo que los Jefferson.

Nuestro verdadero ascenso no empezó a darse hasta la segunda temporada del programa. Aquel primer año nos fuimos adaptando a la transición. Ver brillar a mi madre en aquel nuevo entorno me ayudó a aliviar el mal trago de ser el chico nuevo del barrio pero durante un tiempo me sentí algo desubicado. Los compañeros de clase se reían de mi acento neoyorquino. Yo ni siquiera sabía que lo tenía. Se partían de risa por el modo en que pronunciaba «hooot daaaaawg».

Luego estaban la desconexión étnica y las diferencias en el modo de vestir. En Nueva York, yo llevaba unos tejanos, una camiseta y zapatillas Converse. Negros, latinos y blancos se relacionaban entre sí. Mientras que ahora me rodeaba una tribu de chicos rubios de ojos azules con melenas hasta el trasero y un collar de caracolas alrededor del cuello. En Los Ángeles todos llevaban camisetas surferas, pantalones cortos OP y zapatillas de tenis Vans, lo que me confundía sobremanera, pues en Nueva York las llamábamos zapatillas deportivas. En California se usaban palabras nuevas para mí, palabras como *radical*, *retorcido* y *menda*.

La oferta musical también era sustancialmente distinta. Me gustaba Elton John y caí bajo el embrujo de los Beatles, pero no estaba familiarizado con las emisoras de rock'n'roll. Afortunadamente descubrí 1580 KDAY, una emisora de onda media negra que pinchaba el soul y el funk más populares, y, aunque pueda parecer inverosímil, fue el primer lugar donde escuché a Bowie. Para mí, 'Fame' de David Bowie era tan funky como cualquier cosa de los Ohio Players. De hecho, antes de ver una fotografía de él, pensaba que Bowie era negro.

Como su padre había hecho con ella, mamá se aseguró de que no me alejara del culto que practicaba la familia. Me llevaba a la iglesia de la tía Joan, Unity by the Sea, en la calle 4. El pastor era una mujer, Dr. Sue Sikking, que predicaba sermones progresistas que yo había escuchado en las iglesias de la Science of Mind de Nueva York a las que acudía mi abuelo. La tía Joan tenía una garganta poderosa y su voz una amplitud de registro inusitada. Sentado a su lado, me emocionaba el modo en que su voz angelical volaba por encima del coro y llenaba todo aquel santuario. Al final del servicio, cantábamos 'Let There Be Peace on Earth'. Luego, todos en la congregación nos abrazábamos. Tras el servicio, íbamos paseando hasta Zucky's, un deli judío en Wilshire Boulevard, a por pastrami con pan de centeno.

Mi integración definitiva en la California sureña, no obstante, no fue consecuencia directa de la presunta influencia que mi madre esperaba que la iglesia del barrio ejerciera sobre mi persona, ni tampoco gracias al programa televisivo de mamá. Hízose el milagro gracias a un hermoso artefacto creado por el hombre: el skateboard. Nunca había visto uno antes de trasladarme a Los Ángeles, menos aún montado en uno. Ahora este me ofrecía la sensación que todos los críos anhelan: la sensación de libertad. En Nueva York, podía subir libremente a metros y autobuses. Allí moverse de un lado a otro era cosa fácil. En comparación con Los Ángeles, Nueva York parecía, de hecho, bastante compacta; Los Ángeles se esparcía por todas partes. Nueva York era vertical; Los Ángeles horizontal. Y un crío en una ciudad horizontal necesita un modo de transporte horizontal. El skateboard era, por tanto, el vehículo perfecto.

Y también el más molón. El skateboard era el rey. Y, por si fuera poco, el sur de California era la central del skateboard. Y, tío, ardía en deseos de subirme a uno.

El establecimiento de Jeff Ho en Main Street, Santa Mónica, era para los skateboards lo que Manny's Music en Manhattan para los instrumentos musicales. El punto de encuentro para surfers y skaters. El estilo lo era todo para Ho; se le conocía por sus colores y su buena mano con el aerógrafo. Sus tablas lucían como golosinas; te las hubieras comido. Como esas piruletas multisabores, sobre ellas se fundían los colores con degradados de lila a verde y de naranja a amarillo.

Yo irrumpí en escena en el momento de mayor apogeo de aquella moda: el nacimiento de Dogtown y Z-Boys. Los skateboarders comenzaban a deslizarse como surfers. Un hobby se había convertido, de repente, en un arte. Wes

Humpston fue uno de los pioneros del movimiento. Su hermano pequeño Mike, mi compañero de clase, trajo a la escuela un prototipo de la tabla Dogtown. Yo no podía imaginar que aquella tabla y aquel logo fueran a convertirse en el Santo Grial de la cultura skate. Wes fue un visionario que convirtió piscinas vacías en pistas de entrenamiento. El tipo se hizo mundialmente famoso.

Yo me mantenía en segunda fila. Nunca llegué a ser un campeón, pero el skateboard me permitió deslizarme apaciblemente por esa nueva cultura adolescente. Me ayudó a adaptarme a California. También a sentir parte de lo que estaba sucediendo, pero, principalmente, me dio movilidad. Por fin podía desplazarme por ahí a mi antojo. Me lo tomé como algo natural. Cuando empecé a familiarizarme con aquel medio de transporte, podía ya volar por las calles de Santa Mónica hasta Venice, patinar cerca de la playa, y acercarme a toda prisa adonde tuviese que ir.

Mi primera tabla fue una Bahne con ruedas Cadillac y ejes Chicago. Un clásico de los primeros tiempos. Con el tiempo, me agencié una Zephyr con ejes Bennett y ruedas Road Rider, que ya era de las que llevaba rodillos de precisión para un movimiento más suave.

También me enganché a las máquinas de pinball. Para mí, el pinball y el skateboard iban de la mano. De algún trauma traería causa esa obsesión por el *perpetuum mobile*. Iba en skate hasta el salón de juegos del muelle de Santa Mónica y jugaba con esos monstruos de patas metálicas —Bally's Elton John Capt. Fantastic, KISS, los Rolling Stones— hasta gastar mi última moneda.

La primera temporada de *The Jeffersons* hizo del programa un gran éxito. La serie cómica llegaría a las once temporadas y se grabaron doscientos cincuenta y tres episodios. Mamá se convirtió en una estrella. Ganaba mucho más que mi padre. Esto cambió la dinámica de su relación. Me tomó algún tiempo comprender el alcance de ese trastorno.

Saltaba a la vista por cuán obvio era. Mamá recibía mucha más atención que papá. En la época, papá parecía a gusto con ello. Era el máximo adulador de su esposa. Su éxito le enorgullecía y hacía feliz, pero ahora que ella ganaba más pasta que él, tenía que adaptarse a ese nuevo rol. No fue nada fácil para un macho alfa como papá.

Antes del inicio de la segunda temporada de *The Jeffersons*, papá dejó Nueva York. Lo arregló para trabajar en NBC News en Los Ángeles, y los tres nos mudamos a un apartamento de dos dormitorios en el mismo bloque que la tía Joan. Volvimos a nuestra dinámica habitual. Papá estaba encima de mí más que nunca. En Los Ángeles, se encontró fuera de su zona de confort. Ante el estrellato de mamá, tenía que demostrarse que seguía siendo alguien.

Me gradué de la escuela Washington Elementary. Antes de ingresar en el John Adams Junior High de Santa Mónica, volé a Nueva York para pasar el verano en Bed-Stuy con la abuela Bessie y el abuelo Albert. Qué bien me sentó volver a estar en el barrio. Mis abuelos siempre hacían verdaderas maravillas con mi estado de ánimo.

Lo mismo que hizo Kevin Conner, un chico de Brooklyn que había sido como un hermano mayor para mí desde que yo tenía cinco años. Un día, allí mismo en la esquina de Throop y Kosciuszko, donde durante cuarenta años habían vivido los Roker, un chico instaló amplificadores y gigantescos altavoces tuneados en su patio delantero. Le pregunté: «¿Por qué pinchas discos en el exterior?».

Bueno, el chico me informó de que no estaba poniendo discos, sino creando música.

Pensé para mis adentros, «¿Cómo vas a estar haciendo música con discos? Esa música es de otros.» No lo pillé. Mezclaba vinilos en dos giradiscos. Y esos tipos que se hacían llamar «MCs», maestros de ceremonias, se pusieron a parlotear la propia música. No cantaban; contaban historias sobre los ritmos reciclados de canciones que yo conocía. Esa mierda era funky. Me encantaba. Más tarde, cambiaría mi vida y transformaría el mundo.

Con esta música estaba naciendo un nuevo estilo o movimiento. El nacimiento del *break dancing* fue algo digno de verse: observaba con asombro cómo tíos del vecindario arrancaban trozos de los suelos de linóleo, los ponían en la acera, y se revolvían sobre sus espaldas en ellos.

Nueva York también se estaba transformando visualmente. Los vagones de metro se habían convertido en lienzos para los artistas underground. Me gustaban más los trenes con grafiti que los limpios. Aquel arte me hablaba: pintura spray de neón fluorescente, locos personajes de dibujos animados, flamígeras bolas de fuego, serpientes despiadadas, y mimosos ositos de peluche devorados por babeantes monstruos verdes.

Estaba siendo testigo del nacimiento del hip-hop.

EL ZEN DE ZEP

El hip-hop transformó las reglas de la cultura. Pero mi transformación personal llegó de dos formas distintas. Formas que colisionarían durante mi primer año en el instituto de Santa Mónica. Me refiero al rock'n'roll y la marihuana. La combinación de ambas me impulsó en una dirección totalmente distinta.

Durante el descanso para almorzar, salté una valla y fui a dar con mis huesos en el patio desierto de una iglesia desacralizada. Iba con Shannon Brock, que era también mitad negro y mitad judío; solo que, en su caso, su madre era judía y su padre negro. El tercero en discordia era un chaval mitad negro, mitad hawaiano llamado Derek. Tenía un padre hippie que conocía a Brian Wilson de los Beach Boys. A Derek y a mí nos gustaba descender en nuestros skateboards por Lincoln Boulevard hasta el supermercado Lucky, donde me enseñó a robar. La familia de Derek apenas tenía para salir adelante. No era una gamberrada. Él era quien llevaba la comida a la mesa. Podía esconder media docena de bistecs en sus pantalones. Intenté ayudarle, pero mi torpeza solo hacía que complicar aún más las cosas. Mi mejor contribución a la causa fue salir de allí con una caja de cookies bajo la camisa. Mamá, por cierto, estaba encantada con Derek. Veía su lado bueno. Mamá veía el lado bueno de todo el mundo.

Durante nuestra escapada de la escuela, en el patio abandonado, Shannon sacó un porro, lo encendió, y nos lo pasó a Derek y a mí. Yo había probado la hierba un par de veces antes, pero nunca había sentido nada. Para los adolescentes de Santa Mónica, a mediados de los setenta, fumar hierba era como respirar. Aspiré y exhalé. Nada. Shannon me dijo que aguantase el humo más tiempo. Lo hice, y en esta ocasión algo cambió. Precisamente en el mismo momento en que la hierba hizo efecto, Derek deslizó una casete en su «boombox».

'Black Dog'.

Menudo momento. Quizás el momento de la revelación que más iba a marcar mi paladar en lo sucesivo. Mi mente estalló con el sonido de la estridente guitarra, la voz enloquecida, el ritmo apabullante. Ni siquiera había oído hablar de Led Zeppelin. No conocía los nombres de Robert Plant, Jimmy Page, John Paul Jones y John Bonham. Todo lo que sabía es que esta música electrizaba cada una de las células de mi cuerpo. La mezcla de marihuana y 'Black Dog' me elevó por los aires. El cielo se abrió de par en par. El mundo se hizo más vasto y más hermoso. Aquella experiencia me dejó muy jodido, en el mejor de los sentidos.

Shannon me dijo que tenía que «mantenerme». El tema era mantenerse. Tenía que mantener controlado mi ciego. De regreso a la escuela, debía dar con un modo de comportarme como si no pasase nada. No fue fácil. Cuando traté de ingerir el bocadillo de sobras de cordero que me había preparado mamá, me fue imposible masticar o engullir. Al entrar en clase de Historia, me dio la sensación de que alguien había encendido una luz estroboscópica gigante. Todo se movía a cámara lenta. Mi profesor, Mr. Richards, me permitió salir para ir al lavabo. Me refresqué la cara con agua, pensando que eso iba a calmarme. No lo hizo. Me miré al espejo. Me pregunté, «¿Saldré de esto alguna vez?» Puse una cara rara. Sonreí. Aunque no había ocurrido nada divertido, me entró la risa tonta. Luego vino el picoteo. Me hubiese zampado una montaña de pizzas. Volví a clase, todavía volado, pero disimulándolo. El primer día que pillé un ciego descomunal, aprendí a mantenerme en tierra, habilidad que iba a emplear regularmente en los años venideros.

El mismo día y al mismo tiempo, me volví fumeta y fan de los Zep. Antes de que terminase la semana, me había comprado todos los casetes de Led Zeppelin. La marihuana y el rock 'n' roll se convirtieron en mi dieta regular.

Inadvertidamente, papá me había preparado para los Led Zep al comprar *Band of Gypsys* de Jimi Hendrix estando aún en Nueva York. Me gustó, pero no me enloqueció. Ahora, con Zep sonando en mi cabeza, reconocí su conexión con Hendrix. Hendrix era la fuente. Resultó que *Band of Gypsys*, por bueno que fuese, era un álbum en vivo y carecía del impacto sísmico de las grabaciones en estudio de Hendrix. Me sumergí a fondo en *Are You Experienced / Axis: Bold as Love*, y *Electric Ladyland*. Y comprendí el modo en que Hendrix había abierto las compuertas. Él era el dios de la guitarra. Más tarde me enteré de que a Jimi le habían influenciado maestros como Johnny "Guitar" Watson y Buddy Guy. Sin embargo, al escucharle siendo un crío me parecía un auténtico genio revolucionario. Y poco importaba que llevase ocho años muerto. Vivía en el interior de mi cabeza, su sonido me descoyuntó la sesera. Su intensidad me parecía increíble. Tocando su Strat* con la lengua, golpeándola contra los costados de sus gigantescos amplis Marshall, prendiéndole fuego, distorsionando nuestro himno nacional de tal modo que finalmente la canción tenía sentido.

Hendrix era, por derecho propio, el héroe de todos los roqueros; pero yo tenía héroes que no eran aceptados

---

* Abreviación, en la jerga gremial, para el modelo de guitarra Stratocaster, de Fender; diseñada por Leo Fender, Bill Carson, George Fullerton, y Freddie Tavares en 1954.

por las culturas surfer y skater de Santa Mónica. Me gustaban KISS, pero mis amigos decían que eran para maricas y que los miembros del grupo parecían ataviados para Halloween. Me importaba una mierda. De hecho, en Halloween, yo me ponía los leotardos de mi madre, medias negras, botas de plataforma, cadenas compradas en una ferretería, y una careta con el diabólico maquillaje de Gene Simmons, y entraba con orgullo hasta el centro mismo del patio de la escuela. Todos pensaban que estaba loco. Yo pensaba que era el Gene Simmons negro.

Me encantaba cómo KISS convertían a personajes de cómic en estrellas de rock. Me chiflaba su faceta teatral. El atractivo andrógino del líder Paul Stanley, el modo en que soltaba sus riffs *blueseros* y se pavoneaba por el escenario alternando machismo y coquetería. Los aullantes solos de guitarra de Ace Frehley con su Les Paul* customizada echando humo por las pastillas. Peter Criss, el distante Catman con su perfecto apoyo rítmico y su kit de batería levitante. ¡El palpitante bajo de Gene Simmons puntuado por esa lengua viperina escupiendo sangre!

También me gustaban la sofisticación y la elegancia de Steely Dan. Walter Becker y Donald Fagen** eran músicos y narradores brillantes que crearon un género propio con mimbres de jazz rock que hundía sus raíces en el blues. Podían gustarme tanto los músicos técnicamente competentes —Weather Report, Mahavishnu Orchestra,

---

* Otro de los míticos instrumentos de cuerda de la era dorada del rock. Fabricada desde 1952, la Gibson Les Paul es considerada, junto con la Fender Stratocaster, la guitarra eléctrica de cuerpo macizo más popular de la historia del rock. Diseñada por Ted McCarty y el guitarrista Les Paul, fue producida a lo largo de la década de 1950 con sucesivas variaciones hasta dejar de fabricarse en 1960 con ese nombre,
** El guitarrista Walter Becker (1950-2017) y el teclista y cantante Donald Fagen fueron los cofundadores del grupo Steely Dan. La traducción de los ensayos autobiográficos de Donald Fagen, *Hípsters eminentes*, se publicó en Libros del Kultrum en 2019.

Return to Forever— como KISS. Una cosa no tenía nada que ver con la otra.

Los sábados los pasaba en el Guitar Center de Sunset tocando todas las guitarras allí expuestas, conectando todos los bajos, pulsando todos los teclados, dándole a todas las baterías. A veces me acompañaba mi madre y me esperaba pacientemente en el exterior de la tienda.

Estaba obsesionado con el sonido, aunque no tenía ni idea de cómo mezclar los sonidos que giraban en el interior de mi cabeza. Escuchaba un ritmo de Stevie Wonder, un solo de Hendrix, un riff de Zeppelin, una de las historias narradas en el *Pretzel Logic* de Steely Dan. ¿Cómo juntarlo todo? Tenía que seguir escuchando a Bob Marley, a los Eagles, a Phoebe Snow, a los Commodores. Escucharlo todo.

Muchos de mis amigos provenían de hogares hippies. Visitarlos en aquellos bungalós al lado de la playa todavía me hacía conectar más con una era anterior. Sus padres hacían abiertamente lo que los críos hacían en secreto: fumar montones de hierba. Todavía me faltaban años para el sexo, pero había fiestas donde enrollarse con chicas rubias playeras. La mayoría de los amigos de mis padres estaban en la treintena, al contrario de mamá, que tenía cuarenta y seis, y papá, cincuenta y uno. Yo escuchaba a hippies ya mayores contando que habían escuchado a los Grateful Dead en el Fillmore West o a los Doors cantando 'L.A. Woman' en el Whisky a Go Go. Sus carteles de época de Canned Heat, Jefferson Airplane y Cream hacían que uno sintiese que el verano de la paz y el amor estaba todavía vivo y coleando.

Al contrario que en nuestro hogar, donde papá mandaba con puño de hierro, las casas de mis amigos eran lugares donde se respiraba un ambiente de libertad y relajación. Y lo que yo deseaba era esa ausencia de estructura. Allí podíamos fumar hierba, engullir comida basura, y ver durante horas la televisión por cable. Z Channel era la nueva sensación. Podíamos incluso deleitarnos echando una ojeada al porno blando, era el no va más. Podíamos también subir el volumen del estéreo a nuestro antojo. Para los padres de mis amigos, puestos de Acapulco Gold,* cuando más alto, mejor. Rock de los setenta, funk y música disco de la de bailar a cuatro patas. Los Rolling Stones, Parliament-Funkadelic, los Bee Gees: yo no hacía distinciones. Cameo, Average White Band, Aerosmith, Donna Summer, Chic. Todos me parecían fantásticos.

De vuelta en casa, solo en mi habitación, iba mejorando con la batería. Seguía a Buddy Rich, que llevaba a hombros a su big band de diecisiete miembros. Buddy era un virtuoso demente. Estudiaba todos los estilos: al baterista de rock Keith Moon, al de funk Clyde Stubblefield, a los bateristas de jazz Max Roach y Elvin Jones.

También escuchaba a los cómicos que llenaron de risas mis años adolescentes. Mi amigo Shannon me descubrió a Richard Pryor. Tengo a Pryor en la misma categoría que a Jimi Hendrix: lo mejor de lo mejor. Pryor era un histérico, pero su histeria era profunda. Lo exponía todo. Lo decía todo. Abría sus entrañas y se las ofrecía al mundo. Nadie ha sido nunca más vulnerable, ni más brutalmente honesto. Me gustaba *That Nigger's Crazy* pero también todos sus otros discos. Con mis amigos imitábamos todos sus números. Sus personajes —Mudbone, los predicadores, los macarras, los putones, los borrachos— eran personas reales, de carne y hueso. Me llevaba a la escuela el reproductor de casetes

---

* *Acapulco Gold* es una variedad legendaria de marihuana. Se cultiva en América central desde 1965. Es una sativa con un periodo de floración de 10 semanas de sabor intensamente afrutado y que ofrece un efecto de larga duración, con un contenido de THC (tetrahidrocannabinol) de alrededor de un 23%.

portátil de papá para poder escuchar a Pryor al fondo de la biblioteca. Era tabú, lo que hacía que todavía nos gustara más.

Los máximos reyes porretas eran Cheech y Chong. Mamá y papá nunca se enteraron de que yo era un fumeta. Por lo que descubrir a esos cómicos porretas, en especial a los que convertían el ritual de ponerse ciego en algo ridículamente divertido, era como encontrarse a un amigo que llevas sin ver mucho tiempo. Shannon, Derek y yo nos sabíamos sus números de memoria. El humor nos ayudó a pasar por la escuela.

La escuela era insoportable; si los profesores hubiesen hecho las materias más atractivas, o las hubiesen aplicado a la vida, me hubiera interesado. Pero todo se reducía a memorizar datos, fechas y fórmulas. Llegaba a casa con malas notas, lo que enfurecía a mis padres. Insistían en que me concentrase. Yo no quería. O, mejor dicho, estaba concentrado en otras cosas. Solo pensaba en ponerme ciego, tocar la guitarra y rocanrolear.

Tía Joan, no obstante, me comprendía. Era mi madrina, pero se convirtió en una amiga y confidente. De hecho, empezó a tener más que ver conmigo que con mi madre. Nos sentábamos en su habitación y escuchábamos a Bowie mientras ella se probaba sus nuevos vestidos ante mí. Me parecía una tía total. No tenía que esconderle nada, era mi aliada.

La segunda temporada de *The Jeffersons* fue incluso más divertida que la primera. Se trasladó a Metromedia, en Hollywood, en Sunset con Van Ness. Lo que significaba otro largo trayecto en autobús, pero no me importaba. Conocía el lugar y podía invitar a mis amigos; los guardias de seguridad nos saludaban al entrar. Aquel complejo era como mi leonera, conocía cada rincón de aquel lugar. Los estudios eran como hangares para aviones. Andando por el complejo, pasé por el decorado de *Good*

Times, cuyas estrellas, Esther Bolle y John Amos, eran amigos de la familia.

Pude observar que *Good Times* y *The Jeffersons* mostraban las dos caras de la experiencia afroamericana en los años setenta. Una cara estaba atrapada en el gueto, mientras que la otra había escapado. *Good Times* versaba sobre la primera. La primera vez que vi el falso apartamento en los bloques Cabrini-Green de un Chicago imaginario, me acordé de las viviendas sociales donde vivían mis amigos en Bed-Stuy. Por otro lado, *Los Jeffersons* habían escapado del Queens de clase baja de Archie Bunker y se habían mudado a la elegante Manhattan. Clase trabajadora y élites; ambas realidades sociales las había conocido yo en Nueva York; y ahora ambas se habían convertido en carne de comedia y podía ver cómo se grababan en Tinseltown.

En el plató de *Good Times* pude conocer a Jimmie Walker, famoso por su coletilla «Dy-no-mite!», y a Ja'net DuBois. En *Diff'rent Strokes*, otro programa producido en Metromedia, me hice amigo de Gary Coleman, Todd Bridges y Kim Fields de *The Facts of Life*.

El camerino de Roxie Roker era mi refugio. Con mamá maquillada, me relajaba, hacía mis deberes escolares y ponía a todo volumen 'Boogie on Reggae Woman'. El mundo de mamá era un espacio de tranquilidad.

El de papá, sin embargo, no era así. Tras la mudanza a la costa oeste, había mantenido su puesto como productor de noticias, pasando de NBC a ABC, pero a lo que realmente aspiraba era a convertirse en un magnate; quería ser alguien importante en la industria del espectáculo. Al no lograrlo, se desmoronó. Y creo que proyectó en mí esa frustración. Su enojo a causa de mi pobre rendimiento académico en aumento.

A mamá tampoco le agradaban, pero comprendía por lo que yo estaba pasando. Para mantener la calma en casa, no le daba importancia a su celebridad. A fin de no incomodar a su esposo, se presentaba como Rosie Kravitz, en vez de Roxie Roker. Cuando aprendió a conducir, se compró un simple y anticuado Buick y no se quejó cuando papá cambió su Honda 600 por un Rolls-Royce que había pertenecido a Walter Matthau. Ella sabía que su recién adquirida fama era un duro golpe para él.

Mamá no tenía el más mínimo interés en la ascensión social. En vez de eso, invertía su tiempo como voluntaria ayudando a niños necesitados en una organización llamada ICAN, el International Council for the Abused and Neglected. También se mantenía conectada a sus raíces teatrales, actuando en el Inner City Cultural Center en Leimert Park. Era la hija de su padre cuando se trataba de devolver a la sociedad lo que esta le había dado. También en lo relativo al pragmatismo. El abuelo Albert le había enseñado que la gente de clase media con ingresos estables son propietarios de sus hogares. Los Kravitz jamás habían tenido una casa de propiedad... hasta la fecha.

ASCENDIENDO AÚN MÁS

Mudarse de un apartamento en Santa Mónica a un rancho en Baldwin Hills fue alucinante. Nuestro nuevo hogar era una joya arquitectónica de mediados del siglo pasado, una joya de diseño de madera y cristal de una sola planta que recordaba a la de Frank Sinatra en Palm Springs. Previamente propiedad de un médico, había salido publicada en la revista *Architectural Digest*. No era una mansión —tres dormitorios, una sala de estar/comedor/estudio— pero, para mí, un crío que había crecido en un pequeño apartamento, parecía enorme. En el patio trasero tenía piscina, además de un invernadero y naranjos, limoneros y aguacates. Las vistas eran increíbles. La casa estaba situada en lo alto de las más elevadas colinas de Los Ángeles, y desde allí se divisaba el Coliseum, Hollywood Hills y una cordillera de montañas cubiertas de nieve en la distancia. La ciudad entera yacía a nuestros pies.

La dirección era el 4061 de la avenida Cloverdale. Había quien llamaba a la zona el Gueto Dorado. Formaba parte de Baldwin Vista, vecindario que, a su vez, quedaba comprendido en la urbanización llamada Baldwin Hills. Cuando nos mudamos allí en 1976, los propietarios blancos se habían esfumado y habían vendido sus casas a los negros de clase media/alta. Entre los vecinos estaban Ray Charles y el bluesman Lowell Fulson. Nuestra casa costó trescientos mil dólares. En la parte blanca de la ciudad, se hubiese vendido por un millón.

Baldwin Vista estaba encaramada en la cota más alta. Debajo, habitaba la clase trabajadora negra de South Central, cuya vía principal era Crenshaw Boulevard. Estábamos a seis millas al oeste del centro y a diez millas al este del océano Pacífico. Exactamente en el epicentro del meollo.

A papá le gustaba el vecindario y él y mamá veían Cloverdale como la perfecta casa para montar fiestas. Las fiestas en la Calle 82 habían sido memorables e intensas. Pero las fiestas de Cloverdale parecían sacadas de la escena de una película. Bien entrada la noche, con el centelleo de las luces de la ciudad, a mis padres les encantaba compartir su nuevo hogar. En la sala de estar estaba tía Diahann riéndose por algo que Flip Wilson acababa de soltarle. Fuera, junto a la piscina, la madrina Cicely charlaba con Robert Guillaume.

Yo había heredado el don de mis padres para socializar. Se desvivían por cerciorarse de que la gente se sintiese cómoda; y también yo acabaría siendo así. No era algo calculado; les salía con las más absoluta naturalidad. Mostrar curiosidad por los demás, hacerles sentirse bienvenidos, hacerles sentirse amados, ese era el deseo de mamá. Y en las noches de fiesta, papá era sin duda el tipo más encantador del lugar.

Yo era un adolescente de lo más sociable, pero tenía mis cosas. Era inquieto y excitable. Me resistía a toda disciplina a excepción de las tareas domésticas que me asignaba mamá. No iba a ponerme en contra de mi madre. Ella me recordaba que disponía de mi propio lavabo, por lo que era mi deber fregar el inodoro. También era tarea mía limpiar el fregadero de la cocina, sacar la basura y lavarme la ropa. Bien mirado, hacía la limpieza de toda la casa. Se tenía que pasar la aspiradora por las moquetas. Debía lavar los coches de mis padres antes de poder salir los fines de semana. Si mis amigos estaban fuera esperándome, se les invitaba a echarme una mano, pero yo no iba a ninguna parte sin completar mis tareas.

Una noche mamá y papá no regresaron de una fiesta hasta las tres de la madrugada. Yo estaba ya dormido. A mamá no le importó; me despertó. Abrí los ojos totalmente desorientado. Estaba furiosa porque no había hecho lo que me había pedido. Le dije que sí lo había hecho. Había limpiado la cocina. Había lavado los platos, los había secado y guardado. Me sacó de la cama, me hizo desfilar por el pasillo hasta la cocina y se plantó ante el fregadero y los armarios. ¡El fregadero estaba vacío! Era evidente que yo había hecho mi trabajo. Pero entonces mi madre señaló un armario cuya puerta estaba entreabierta. Dijo: «Cierra el armario». Lo cerré, y asintió: «Ahora sí está hecho».

En aquel momento pensé que estaba completamente loca. Me había despertado en plena noche porque a la puerta de un armario le faltaba un centímetro para estar totalmente cerrada. Pero así de meticulosa era mi madre cuando se trataba de completar una tarea. Más adelante en mi vida profesional, cuando estaba metido a fondo en proyectos musicales, volvía a aquel incidente y escuchaba sus palabras: «Si haces algo, hazlo bien».

No me importaba la disciplina de mamá. Quizás porque su severidad se veía templada con amor, mientras que la de papá estaba contaminada por el cabreo previo, a modo de premisa preventiva, por no mencionar su afán de control. Diríase que papá era un amasijo de lugares comunes apriorísticos en materia de vigilancia, estaba empeñado en controlarme. Con todo, lo cierto es que, por paradójico que pueda parecerles, disfrutaba de mucha libertad. Tiene fácil explicación: mis padres estaban siempre fuera, trabajando. Durante el día, la casa era mía. Venían los amigos a bañarse en la piscina. Montábamos sesiones de improvisación en el salón o en el patio. Yo nunca dejaba de tocar, siempre intentando mejorar mis habilidades con la guitarra, el bajo, la batería y los teclados. Y seguí tocando y componiendo con mis colegas en el Crenshaw District, vecindario al que llamaban la Jungla, donde el foco se ponía en el funk.

La ventaja de Cloverdale, su hermosa localización sobre la ciudad, era también su pega. Seguía matriculado en el John Adams Junior High, y el trayecto desde Santa Mónica hasta Baldwin Vista me tomaba horas. Cogía el autobús de Pico, que me transportaba a través de media ciudad hasta la esquina de La Brea y Pico, donde tomaba el 212 dirección sur. Los autobuses de Los Ángeles no eran para nada como los de Nueva York. No pasaban con tanta frecuencia.

Me quedaba ahí de pie. Iba y venía. El aire era vomitivamente denso por la contaminación. El tráfico era feroz. Me llegaba el aroma de la comida de Lucy's Drive Inn, un local de burritos y hamburguesas. Quería comer, pero no tenía dinero. Detestaba tener hambre y odiaba estar esperando el maldito autobús. Cuando finalmente llegaba, subía de un salto, miraba por la ventana, y empezaba a componer música en la sesera. Oía melodías sin letra. Mis manos golpeteaban ritmos en el asiento de delante. Cuando el autobús se veía frenado por el tráfico, encajaba las melodías en los ritmos, cantando para mis adentros. El trayecto duraba una hora, pero la música me mantenía feliz. Cuando me bajaba, mi corazón cantaba. Pasaba por delante del Baldwin Theatre donde, fumado, pasaba las tardes de los sábados viendo películas de reestreno como *Blacula* o *The World's Greatest Athlete*.

Entonces ascendía a pie por la empinada colina hasta nuestra casa y era todavía más feliz cuando, tras entrar en mi habitación ignorando el desorden, ponía un casete de *Hotter Than Hell* de KISS, *Aja* de Steely Dan o *Ballads* de John Coltrane.

Como todas las buenas madres de su generación, mamá buscaba maneras no solo de mantenerme alejado de las calles sino también de que me interesase por actividades creativas. Veía toda esa energía que yo albergaba y debía ser canalizada. Hazte actor, me dijo. Al ser yo tan extrovertido, se aferraba a la creencia de que tenía talento dramático. Esa es la razón de que me presentase a su amigo Whitney LeBlanc, que dirigía una obra titulada *Baker's Dream*, con Hal Williams, famoso por su papel del poli Smitty en *Sanford and Son* de Redd Foxx. Hice una prueba y me dieron el papel del hijo, Kevin. Me aprendí los diálogos y, durante los ensayos, disfruté de la creatividad de aquellos actores que llevaba años viendo en la televisión.

La obra estuvo en cartel unas pocas semanas en el teatro Apex de La Brea. Cuando salía a saludar al final, la adulación del público era un subidón. Actuar era divertido, pero no era como la música. Nunca había soñado en convertirme en actor profesional del mismo modo que nunca había dejado de soñar en convertirme en un músico profesional. Dicho sea de paso, tampoco había imaginado jamás que mi pesadilla infantil iba a dar paso a la luz.

LO SAGRADO
Y LO PROFANO

COMO ÁNGELES QUE CANTAN

Lo que referiré —y sucedió— a continuación iba a cambiar mi vida para siempre.

Gracias a un amigo de su época en la NBC de Nueva York, mamá se enteró de la existencia del California Boys' Choir. Viendo lo mucho que me gustaba la música, pensó que podría ser una experiencia para mí, y una buena educación. Me llevó a uno de sus conciertos en Century City. No me moría de ganas de ir, pero no me dio elección. Y aquella música me gustó. Cuarenta chicos cantando al unísono en las más hermosa sincronicidad. Su sonoridad me intrigaba. Disfruté de lo intrincado de entrelazadas armonías. También me agradó visualmente: ajustados trajes azul marino, camisas blancas con chorreras, pajaritas de terciopelo negro y zapatos de charol. Lo tenían por la mano. Al concluir el recital, conocí a algunos de los chicos. Observé entre ellos una fraternal vibración que me gustó. Cuando mamá me preguntó si estaría dispuesto a hacer una prueba para el coro, me sorprendí a mí mismo asintiendo. Me veía ahí arriba cantando música clásica.

Una semana más tarde, mamá me llevo en coche a las oficinas del coro en el Museum of Science and Industry, cerca de la University of Southern California. Me presentaron al director, Douglas Neslund, que sentado al piano tocó una serie de notas y me pidió que las cantase. Vio que yo tenía oído. Entonces tocó una melodía para que yo la siguiese. Pasé la prueba.

Mr. Neslund le comunicó a mamá que era lo bastante bueno para el coro de prácticas. Si lo hacía bien allí, dijo, tendría la oportunidad de entrar en el coro de conciertos. Pero antes de eso, tendría que aprender a leer música con un antiguo método húngaro llamado Kodály, que usa signos manuales que representan notas musicales. Al ser buena parte del repertorio musical en alemán, italiano, francés e incluso latín, me vi obligado a impostar pronunciaciones totalmente extrañas para mí. Mr. Neslund me preguntó si estaba dispuesto a hacerlo. No estaba seguro, pero dije que sí de todos modos. Me recordó que sus estándares eran elevados. La formación californiana era la mejor del mundo después de los Niños Cantores de Viena. Solo se admitía a cantantes consumados.

En el trayecto de vuelta a casa, mamá me preguntó si estaba preparado para las arduas sesiones después de la escuela. Quería que me comprometiera a hacerlo, pero también era consciente de que, al margen de la música, yo era mal estudiante; pero esto era música. Así las cosas, me matriculé. Me gustaba la idea de unirme a una fraternidad de chicos de mi edad que se tomaban el canto en serio.

Seguí las indicaciones, pasé meses en el programa de prácticas, y me admitieron en el coro de conciertos. Esto coincidió con todo un verano de más ensayos intensivos. Al final del verano, hicimos el mismo examen de ingreso que la universidad realizaba para admitir a nuevos alumnos en el departamento de música, y yo solo tenía doce años. Ya estábamos listos para la temporada de conciertos: sinfonías, óperas, grabaciones, etc. Descubrí que apreciaba y comprendía muy bien la música clásica. Mis padres se sintieron muy satisfechos.

Mis años en el coro fueron maravillosos. Es la única educación musical formal que tuve. No hubo formación académica para el R&B o el rock'n'roll, pero desarrollar técnicas vocales bajo la supervisión de exigentes profesores fue algo que me iba a servir de ayuda para siempre. Aprendí a cantar desde el diafragma, a controlar la respiración, la enunciación, el tono. No cabía en mí de gozo al estar en escena con orquestas completas y poder respirar la plenitud de su sonido mientras cantábamos melodías compuestas siglos atrás.

Otro aspecto positivo de aquella experiencia fue que hice amistades para toda la vida. Mi colega del coro Phineas Newborn III tenía un avanzado sentido musical. Su padre, con quien compartía nombre de pila, era un brillante pianista de bebop; su tío Calvin, un gran guitarrista de blues; y su padrino, Ray Brown, el mejor contrabajista de jazz del mundo. Phineas era todo un personaje —dulce, agudo e ingenioso— sin una pizca de maldad en su alma. Vivía en Leimert Park, un barrio de artistas negros al lado de Crenshaw, colina abajo desde nuestra casa.

El primo de Phineas, Joey Collins, también estaba en el coro. Joey y su madre residían en Baldwin Hills, cerca de Cloverdale. Como Phineas, Joey poseía un admirable entusiasmo y un gran amor por la música. Los dos se convirtieron en mis hermanos.

A Phineas y a Joey les tocó en suerte ser testigos de un turbio incidente.

Un grupo de chicos del coro íbamos en coche hacia casa. Mrs. Collins, la madre de Joey, conducía, y la abuela Jean iba sentada a su lado. Se había mudado a Los Ángeles tras la muerte del abuelo Joe y vivía en Park La Brea, un vasto complejo de apartamentos lleno de exneoyorquinos, en el distrito judío de Fairfax.

Decidimos hacer un alto en el Tower Records de Sunset. Era uno de mis lugares favoritos, una tienda de discos del tamaño de un supermercado. Mientras los demás deambulaban por allí, me acerqué a la sección de KISS.

Vi un montón de sus casetes. Sin pensarlo dos veces, me metí una de ellas en el bolsillo de los tejanos. Tan fácil parecía la cosa que me lancé a por otra. Eché un vistazo a mi alrededor. No había vigilante alguno merodeando. Facilísimo. Así que, ¿por qué no hacerme con una más y ocultarla en el bolsillo de la camisa, y una cuarta y una quinta en la cintura trasera de los tejanos, donde encajaban cómodamente sobre mis glúteos? Nadie a la vista. Misión cumplida, sin aspaviento alguno. Cuando vi a la abuela Jean y a mis amigos dirigirse hacia la salida, les seguí.

En el preciso instante en que atravesé el umbral y salí al aparcamiento, una mano me agarró por el hombro. Me di la vuelta y vi el careto de un gigantesco guarda de seguridad.

Cazador cazado.

Se me cayó el alma al suelo. Me llevó a una habitación trasera, donde el encargado del establecimiento dijo: «Te hemos atrapado con las manos en la masa. Ya sabes lo que esto significa. Vas a ir a la cárcel. Esto es muy serio. Estás en posesión de más de sesenta dólares en mercancía. Es un delito grave. Van a echarte de la escuela. Has arruinado tu vida. La has cagado a lo grande».

La bronca duró diez minutos más mientras yo temblaba como una hoja. Al final, cuando yo pensaba que iba a llamar a la policía, dijo: «No sé por qué, pero voy a darte un respiro. Voy a dejar que te vayas, pero no vuelvas a aparecer por la tienda».

Suspiré como nunca en la vida. La sensación de alivio fue de proporciones épicas. Debí de darle las gracias al encargado unas diez veces. Estaba en libertad y podía marcharme, pero ya que mis amigos y la abuela habían visto como me detenían, iba a tener que pagar un diabólico por ello. No cabía duda de que la abuela, que estaba enojadísima, iba a contárselo a mamá al llegar a casa. Y así lo hizo. Afortunadamente, papá estaba trabajando.

Mamá estaba indignada. Mi conducta quebrantaba todo lo que ella defendía. El código moral de mi madre era simple: no se mentía jamás. No se engañaba. No se robaba. Me mandó a mi habitación, donde estuve una hora esperando a que apareciese. Ella quería que yo reflexionase sobre lo que había hecho. Me sentía humillado y avergonzado. Cuanto más esperaba, peor me sentía. Cuando finalmente entró por la puerta se había calmado. Quería saber por qué había robado las casetes. Le dije sinceramente que porque no tenía dinero para comprarlos, y las quería a toda costa. Me preguntó si sabía lo egoísta —y digno de niñato malcriado— que sonaba eso. ¿Verdaderamente pensaba que mi vida iba a desmoronarse por no tener esas casetes de KISS? ¿Entendía lo mortificada que se sentía al haber criado a un muchacho que no entendía la diferencia entre el bien y el mal?

Todo lo que yo podía hacer era disculparme y prometer que no volvería a ocurrir. Cuando me expresó su profundo pesar, sus palabras me dolieron, pero aún me preocupaba más lo que haría papá cuando se enterase. Iba a quedarme sin poder salir durante un año por lo menos. Pero, entonces, por segunda vez aquel día, me dieron una segunda oportunidad.

«No voy a contárselo a tu padre», dijo mamá.

¡¿QUÉ?! No podía creer lo que estaba oyendo. Mi madre jamás le ocultaba algo a mi padre. Eso iba en contra de sus principios. Supongo que sabía que, si se lo contaba, iba a subirse por las paredes y era muy posible que nuestra relación nunca se recuperase de ello. Mamá abogaba por la estricta observancia de unos valores irrenunciables, pero aquel día aparcó sus principios a un lado y me dio un voto de confianza.

En términos musicales, iba madurando. Estaba absorbiendo una enorme cantidad de información técnica que, en cierto modo, todavía no comprendía, pero que me iba a ser de gran utilidad incluso como roquero. Los recitales eran siempre estimulantes. Fueron mis primeras actuaciones en vivo. Como primer alto, uno de los cuarenta niños cantores, pude probar lo que significa satisfacer a una audiencia. Las salas de conciertos como el Dorothy Chandler Pavilion eran templos musicales con sus propias vibraciones legendarias. Has de entregarte al máximo. Era de lo más surrealista verse a uno mismo en óperas como *Tosca* de Puccini o *La flauta mágica* de Mozart: el vestuario, las contraltos, la grandeza dramática. Recuerdo nuestra entrada en *Carmen*, ¡con caballos en escena! Estar en el foso con la sinfónica y cantando mientras el Joffrey Ballet representaba el vals de los copos de nieve de *El cascanueces* es un recuerdo para toda la vida, por no compartir aquí el que atesoro de las bailarinas.

Sin embargo, nada puede compararse a nuestro mejor concierto: en el Hollywood Bowl. De los Beatles a Leonard Bernstein, el Bowl había acogido a los mejores. Aquella noche, me vestí en casa y fui en el autobús fletado para la ocasión con Phineas, Joey y mis otros colegas del coro. Estábamos excitadísimos. Qué ganas teníamos de llegar. En el Bowl, se nos acompañó al escenario y se nos indicaron nuestras posiciones. Allí nos unimos a la Roger Wagner Chorale y a la Los Ángeles Philharmonic, dirigidas por el maestro Erich Leinsdorf. El Bowl está cavado en la ladera de una colina. Desde el escenario pude contemplar sus filas escalonadas. No había una butaca vacía: diecisiete mil quinientos espectadores. La primera pieza que interpretamos fue el himno tradicional 'Veni Creator Spiritus', «ven Espíritu Santo, ven Creador». Me dejó alucinado cantar «Veni, veni, veni». Piel de gallina. Luego cantamos en el quinto movimiento de la *Sinfonía n.º 3* de Gustav Mahler, titulado 'Tres ángeles cantaban'. Los Niños Cantores poníamos voz a los ángeles. La sensación era angelical. Volábamos.

Mamá y papá esperaban entre bastidores, todo sonrisas, con —¡sorpresa!— la abuela Bessie. Salté a sus brazos. No podía creerlo. Se había subido a un avión, por primera vez en su vida, para verme cantar. Fue una velada entrañable.

NOCHE DE NOCHES

El calificativo hermoso ni siquiera alcanza para describir lo que deseo compartirles en el siguiente capítulo de mis breves andanzas con el coro. La palabra que más se asemejaría a lo que me fue dado vivir en aquel momento sería epifanía.

Agosto de 1977. Aquel verano cumplía los trece y me facturaron con rumbo al campamento de verano del Boy's Choir en Loma Linda University, a noventa kilómetros al este de Los Ángeles, donde ensayaríamos el repertorio programado para la nueva temporada. No se nos permitía escuchar música pop; a excepción de los Beatles. Claro que los Beatles eran geniales, pero: ¿y Elton John? ¿O Bill Withers? ¿O Carole King? ¿Por qué no podíamos poner sus discos? No lo discutí, pero con Phineas y Joey escuchábamos lo que nos daba la gana de todos modos. El campamento del coro fue fantástico, hasta que pillé la gripe. Y lo mismo le pasó a otro chico, David Alba, que era un año menor que yo. Para evitar que contagiáramos al resto, nos pusieron juntos en un dormitorio a pasar la cuarentena.

Un buen día, el director del coro, Neslund, vino a vernos y nos comunicó que Elvis Presley acababa de morir. Aunque Elvis era muy anterior a mi época, sabía de su impacto en el mundo de la popular, y me entristeció que hubiese muerto tan joven.

Mi nuevo compañero de cuarto, David, era latino y vivía en Boyle Heights. Su padre era predicador. David era un crío callado de muy buen carácter. Estuvimos tres días aislados sin nada que hacer. A los dos días, nuestra salud había mejorado sensiblemente pero, por precaución, nos tuvieron allí encerrados otro día. Aquella tarde, David me hizo una pregunta que nadie me había hecho antes.

¿Conocía a Jesús?

Le conté a David que mi abuelo Albert y mi madre me habían llevado a varias iglesias donde se describía a Jesús como a un gran maestro. David dijo que lo entendía, pero ¿sabía yo que era mucho más que eso? ¿Conocía los evangelios? No, la verdad era que no. Y entonces David me habló de Jesús y su ministerio. David no sermoneaba ni imponía. De modo comprensible, describió a un hombre, el hijo de Dios, que vivió su vida a través del amor. Jesús amaba a todo el mundo. Aceptaba a todo el mundo. Les decía a todos cuantos acudían a escucharle que amasen y perdonasen.

David, el prosélito que no se sabía predicador, empleó términos en los que jamás había pensado, términos como salvación. Me dijo que al aceptar el don de la gracia de Cristo, mediante su sacrificio, podíamos aspirar a la vida eterna. Todo ello lo dijo con total naturalidad. David no trataba de convencer o convertir. Era tan solo un crío contándole una historia a otro compinche. Yo estaba interesado, fascinado, pero eso fue todo. David no me pidió que me arrodillase y diera mi vida a Cristo. Ni siquiera me pidió que rezase. Simplemente me habló desde el corazón y me contó lo que él creía. Yo tenía preguntas que él respondió de muy buen grado. Sus explicaciones tenían sentido pero, aun así, todo aquello era nuevo para mí.

Y entonces ocurrió algo que ninguno de los dos podía explicar. Estábamos en plena charla cuando una fuerza entró en la habitación, una energía extrañamente poderosa y vibrante que nos sumió en el silencio. David me miró. Yo le miré a él. Ambos pensábamos, ¿está esto de veras sucediendo? Así era. La vibración fue en aumento. Nos pusimos a temblar, y luego lloramos desconsoladamente. Yo no sentía miedo. Estaba abrumado por la emoción. Nunca antes había experimentado una sensación semejante. Tras uno o dos minutos, todo se detuvo.

En mi interior, sabía lo que era. Sabía lo que había sentido. Había experimentado la viva realidad de las palabras que David había pronunciado. Creo que Dios sabía que yo necesitaba algo más que historias para alcanzarme. Necesitaba una sacudida. Necesitaba una experiencia que fuese a la vez espiritual y física.

Al poco, caí en la cuenta de que esta epifanía era lo que yo había estado buscando desde que era niño, atormentado por las pesadillas en las que me veía atrapado en un ataúd. Me mostró lo que Cristo había enseñado al mundo: que Él había vencido a la muerte. Al creer en su mensaje de amor incondicional, yo había logrado vencer mi temor. La epifanía había sido el remedio. La pesadilla nunca regresó.

Al día siguiente, David y yo dejamos la cuarentena, y volvimos junto a nuestros colegas en el coro. Yo no dije nada, pero en mi corazón sabía que había vuelto a nacer.

De vuelta en casa, no se lo conté a mis padres. Era algo que deseaba guardarme para mis adentros durante un tiempo. A la vez, sentía un ardiente anhelo de rezar junto a otros creyentes. Tiempo después, un amigo de la escuela me llevó a una iglesia, Berean Seventh-day Adventist, colina abajo desde nuestra casa, en Adams Boulevard, avenida en la que se alineaban los santuarios afroamericanos. El credo de sus feligreses aunaba, en cierto modo, ambas facetas de mi propia personalidad, el Nuevo Testamento y el Antiguo. Los Adventistas del Séptimo Día obedecían las leyes levíticas y, como los judíos, observaban el Sabbath los sábados. Los servicios rebosaban espiritualidad: siempre con un gran coro, con música sacra afroamericana. Tenía mis dudas sobre la ceremonia del lavado de pies. Era un acto de humildad lavar los dedos de los pies de un extraño, pero también insólito.

Igualmente infrecuente, pero de un modo sugerente, era la presencia de Richard Wayne Penniman, más conocido por su sobrenombre artístico, Little Richard, uno de los padres fundadores del rock'n'roll. Acudía a Berean a rezar y también a predicar. Me sentía próximo a él, no solo porque él reconocía ser un negro judío, sino porque yo podía sentir la fuerza de su alma en las canciones seglares. 'Tutti Frutti' y 'Long Tall Sally' tenían letras mundanas pero la misma fuerza y fervor que nos regalaba en el góspel. Podía sentir la excitación divina en toda la música de Richard. Y también adoraba su imagen: peinados protuberantes, abundante rímel, y trajes ejecutivos color neón. A propósito, el hecho de que acudiese a la iglesia no significaba que estuviese apartándome del rock'n'roll, nada más lejos de mis intenciones.

Al margen del carisma de Little Richard, la verdadera atracción de la iglesia Adventista del Séptimo Día residía en la pasión de su fe y en una diáfana interpretación del Evangelio. La Biblia es un libro ambiguo, pero al ser un crío yo no estaba para ambigüedades. Y en aquella época la interpretación adventista era como un bálsamo de certidumbre. Llamando a las puertas de la adolescencia, y con un recién adquirido amor por Dios, precisaba instrucción.

Mamá y papá estaban perplejos. Me veían acudiendo a una iglesia que, por lo menos para ellos, era extraña. También era extraño para ellos verme guardando el Sabbath desde que se hacía de noche el viernes hasta finalizar el sábado.

Debo agradecer a mamá que me dejase experimentar con aquellas cosas por mi cuenta y riesgo. Exploradora

111

espiritual como su padre, comprendió que yo buscaba mi camino. Y, al ser una persona tolerante, no iba a interponerse. «Dejemos que el chico encuentre a Dios a su manera». Papá no lo entendía. Estoy seguro de que pensaba que yo estaba haciendo el ridículo, pero callaba. De hecho, pocas veces me dirigía la palabra, así que este era solo otro tema más a evitar.

Mientras tanto, mi hiperactividad aumentó. Un día podía estar por ahí fumando hierba y flipando con Black Sabbath junto a la pandilla de Dogtown, y al siguiente cantando el *Requiem* de Fauré con el California Boys' Choir. Eso sí, los sábados, acudía a la iglesia para alabar al Señor.

Y durante la semana oficiaba como percusionista en la orquesta de la escuela John Adams. Les presento a la profesora de música Lida Beasley. Una dama dura de Texas con acento cerrado. Miss Beasley me ponía en forma a latigazos. Era feroz. Me hacía tocar tímpanos, glockenspiel, marimbas, campanas tubulares, tambores y panderetas. Si perdía el ritmo, venía corriendo y tocaba ella misma mis pasajes. Lo mismo con los violinistas. A la que erraban la nota, agarraba el violín y tocaba el segmento a la perfección. De hecho, sabía tocar todos los instrumentos, del clarinete a la trompa. Era el primer músico al que yo había visto hacer algo semejante. Con el paso del tiempo llegaría a comprender la enorme influencia que aquella mujer tuvo en mí. Había presenciado cuán maravilloso es ser multinstrumentista.

Aun así, al principio no la soportaba. Era demasiado severa y exigente. Nos intimidaba muchísimo pero no podía uno obviar ni su habilidad ni su magisterio. También se notaba cuán profundamente le importaba la excelencia. Al final del primer trimestre ya la adoraba. Ella, a su vez, sentía verdadera adoración por nosotros, sin importarle nuestro nivel musical. Su pasión era fantástica.

Al igual que su principal lección: no importa lo que tardes, trabaja hasta que salga bien.

Además de Phineas y Joey, Noah Cotsen era mi otro amigo íntimo del coro. Era un buen chico al que mamá adoraba. Fuimos compañeros de cuarto durante el campamento de prácticas del coro, y a menudo pasábamos la noche en mi casa o en la suya de Beverly Hills. Para ser un crío, Noah era extremadamente educado y sofisticado. Iba a la prestigiosa escuela Harvard-Westlake en Coldwater Canyon. Cuando sus padres mandaban paquetes al campamento, no contenían galletas y patatas fritas como los del resto; en vez de eso, los de Noah llevaban latas de cangrejo de importación, caviar, botes de mermelada, y otras delicias terrenales. Le iba la moda, cuidarse la piel y todas las cosas buenas de la vida. Su padre, Lloyd Cotsen, era el dueño de los jabones Neutrogena y coleccionaba arte japonés.

Noah me enseñó toda clase de canciones. Apreciaba la riqueza y diversidad de matices musicales. Me mostró, por ejemplo, el modo en que las líneas de cuerda respondían a los golpes de los vientos en 'Nobody Does It Better' de Carly Simon. Sentados en la habitación, debimos escuchar ese disco unas veinte veces mientras Noah saltaba sobre su cama, cantando las diferentes partes, cada vez más excitado por la brillantez de los arreglos.

Pocos días antes de pasar otra noche en casa de Noah, regresé a nuestro domicilio y me encontré a mamá esperándome. Supe por la expresión de su rostro que había ocurrido algo terrible. Me dijo que me sentase. Me cogió de la mano y, apenas logrando contenerse, me dijo que Noah, su madre y otro chico del coro llamado Chris Doering habían sido asesinados en casa de los Cotsen. Me quedé sin palabras. Esas cosas no les pasaban a mis conocidos. No recuerdo si le pregunté a mamá cómo o por qué había sucedido, pero de habérselo preguntado, mamá no hubiese tenido respuesta. Las respuestas no llegarían hasta más tarde.

Todo lo que sabía es que habían matado a mi amigo. Me asusté. Mr. Cotsen me pidió que fuese uno de los portadores del féretro en el funeral de Noah, pero estaba demasiado traumatizado para acudir. Ahora lo veo como un inexcusable momento de debilidad en mi vida. Ojalá hubiese tenido la fuerza necesaria para cumplir con ese cometido, pero no la encontré. Nunca antes había ido a un funeral, y no pude soportarlo.

Cuando trascendieron los hechos, el horror fue a más. Mr. Cotsen había puesto una demanda a una empresa belga que producía una imitación del jabón ámbar transparente patentado de Neutrogena. La firma belga perdió el litigio y su enfurecido propietario había viajado a Los Ángeles para asesinar a Lloyd Cotsen. Pero la noche que asaltó la casa, Mr. Cotsen no se encontraba allí. Así que el asaltante ató a Noah, a nuestro amigo Chris y a Mrs. Cotsen, y los obligó a meterse bajo la mesa del comedor. Su plan era enfrentarse a Mr. Cotsen cuando este llegase a casa. Pero al no presentarse, dado que estaba en Nueva York, el hombre de negocios belga, presa de un ataque de pánico, disparó a Mrs. Cotsen y a los dos chicos. Mr. Cotsen tuvo noticia de los asesinatos mientras iba en un taxi. Al final, la policía descubrió quién había cometido el crimen pero, antes de que pudiesen arrestar al belga en Bruselas, el culpable se suicidó.

Cuando murió, Noah tenía catorce años.

La boda de mis padres con mi abuela Bessie y el abuelo Albert.

De bebé en Bed-Stuy,
Brooklyn.

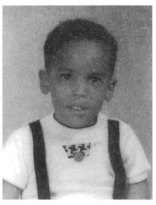

Mi primer retrato.

Con mi abuelo Albert, después del servicio religioso. Mi madre
está sentada a nuestra izquierda, al fondo de la imagen.

En el jardín de delante de casa de los
Roker, en mi primer día de parvulario
en Bed-Stuy, Brooklyn.

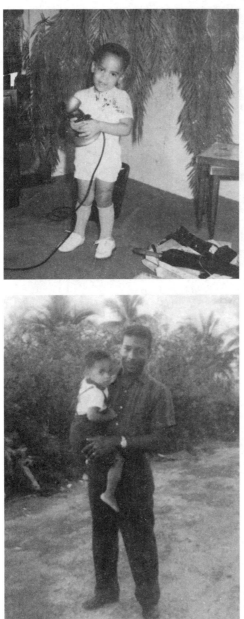

Haciendo mis primeros pinitos con el equipo de grabación del abuelo en Sheepshead Bay, Brooklyn.

En Nassau, Bahamas, con el primo Esau Roker.

En la fiesta de mi quinto cumpleaños con el abuelo Joe
y la abuela Jean.

En el nº5 de la Calle 82 Este, con mamá,
la abuela Bessie y el abuelo Albert.

Posando con mis amigachos en la entrada del 368
de la avenida Throop en Bed-Stuy, Brooklyn.

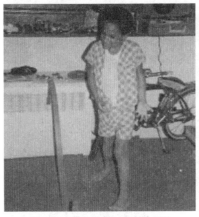

En mi habitación, en el nº5
de la Calle 82 Este.

En el camerino del teatro
Brooks Atkinson en
Broadway, con mi madre,
antes de la función
The River Niger.

Foto de mi clase en cuarto con la profesora Miss Goldberg
en la P. S. 6 de Manhattan.

Instantánea del concierto de los Jackson Five al que
me llevó mi padre en el Madison Square Garden.

Tocando la guitarra
que me regalaron en el
campamento de verano
en Roscoe, Nueva York.

En el vuelo con mamá, rumbo
a Los Ángeles para la primera
temporada de los *Jeffersons*.

Tocando la
guitarra para mis
padres en nuestro
apartamento del
2901 de la Calle 4
en Santa Mónica,
California.

Descenso en skate por
la avenida Ashland
de Santa Mónica.

Ensayando un movimiento
de la *3ª Sinfonía* de Mahler
con el coro de la California
Boys' Choir y el de la Filar-
mónica de Los Ángeles. A
mi derecha está Noah Cot-
sen, y a mi izquierda Phineas –dos filas más arriba,
detrás de Phineas, se ve a
Joey Collins–.

Ceremonia
de graduación
de tercero de
secundaria en
el Instituto John
Adams con mamá
y Shannon Brock.

Mi primer retrato posando
para un anuncio.

Con papá en mi ceremonia
de graduación de bachillerato
en NewBridge, Los Ángeles.

Póster anunciando el concierto que dimos con mi grupo Wave en Beverly Hills High. Con Kevin Conner, a mi izquierda, y Tracy Oberstone.

Mi vigésimo primer cumpleaños en el 4061 de Cloverdale, con tía Joan y mamá.

Teena Marie y un servidor.

Sesión fotográfica para la promoción de
Romeo Blue, en Los Ángeles.

Sesión fotográfica para la promoción de
Romeo Blue, en Los Ángeles.

Phineas, Joey, Tracy y yo.

En el metro de Nueva York.

Retrato de familia.

Sesión fotográfica en el patio trasero de nuestra casa
en la avenida Milwood en Venice, California.

Con Jeff Ayeroff (copresidente de Virgin Records),
quien apostó por mí y me contrató.

Embadurnándonos con
champagne en la ducha de casa
con Steve Smith para celebrar
la firma del contrato con Virgin.

En el estudio, con mi ingeniero
Henry Hirsch.

Trabajando en el videoclip de 'Let Love Rule'
en Central Park con mi grupo.

Con mi padre en el mismo rodaje.

EL FIN DE UNA ERA

Yo tenía claro que mi abuelo jamás abandonaría Bedford-Stuyvesant. A Albert Roker le encantaba ser propietario en un vecindario donde se le veía como al alcalde sin corona del barrio. Había estado allí desde los años treinta y hablaba como si llevase allí desde siempre. Andaba por las calles sin miedo. Se le respetaba allí donde fuera. Y sin embargo...

A mediados de los setenta, las cosas habían cambiado. El abuelo había visto crímenes antes. Las pandillas eran parte de la vida de Brooklyn, pero las bandas nunca le habían asustado. La epidemia del crack, no obstante, era otra cosa. Una plaga letal. Por todo el barrio, edificios que habían acogido a varias generaciones de familias se convirtieron en guaridas para el menudeo de crack. Había atracos a diario. El crack enloquecía a la gente. Se contaban historias de adictos al crack que habían matado a sus propias madres. Hacían cualquier cosa para conseguir dinero y comprar droga.

El abuelo estaba convencido de que aquella plaga terminaría, pero la cosa empeoró hasta tal extremo que la gota colmó el vaso. Estaba paseando a su perro, Chubby, por el patio de la escuela, en dirección a a la avenida Throop. Al abuelo le gustaba detenerse allí un par de minutos para ver jugar a los niños. Estaba sentado en un banco cuando Chubby empezó a ladrar y a tirar de la correa. El abuelo no entendía por qué el perro estaba tan alterado. Se levantó y dejó que Chubby le guiase hasta una esquina del patio de la escuela donde, bajo una pila de basura, el abuelo vio un par de pies que sobresalían. Se acercó, apartó parte de la basura, y se quedó de piedra. Estaba contemplando a un hombre muerto. El abuelo no sabía si el hombre había sido asesinado o había muerto por sobredosis. Todo lo que pudo hacer fue llamar a una ambulancia y mantener a los niños alejados del cadáver.

Cuando le contó la historia a su hija, mamá dijo: «Se acabó». Quería que sus padres se mudasen a Los Ángeles. Quería que viviesen cerca de ella. Podían mantener su casa de Bed-Stuy, pero tenían que salir de allí sin más dilación. Mamá les compró una bonita casa de tres dormitorios en Village Green, una urbanización en el bosque al pie de la colina de Cloverdale.

Yo estaba encantado de tener a mis abuelos viviendo cerca de nuevo. El abuelo me proveía de la nutritiva energía paternal que yo necesitaba. Y lo mejor era tener al alcance a la abuela Bessie. Cocinaba mis platos favoritos, tortitas y alitas de pollo frito para desayunar, y yo disfrutaba de aquel gran amor incondicional. Al mismo tiempo, me preguntaba cómo iba a sentarles California a los abuelos. Iba a ser todo un desafío para ambos. Después de pasar allí un par de meses, el abuelo se sumió en una profunda depresión. No sabía por qué, pero se sentía alicaído. Aquello no iba con su carácter. Fue en ese momento cuando se le abrieron las compuertas del cuarto oscuro regentado por el subconsciente. Se subió al coche, condujo hasta el centro comercial de Fox Hills y estuvo paseando durante horas, rozando a la gente a propósito. Se dio cuenta de que eso era lo que necesitaba. Echaba de menos el contacto con la gente que una ciudad con un patrón de asentamiento como el de Los Ángeles, con una población que se desplazaba a todas partes en coche, no proporcionaba. Necesitaba caminar entre la gente para sentirse nuevamente vivo.

Estoy seguro de que mamá le contó lo de mi nuevo sendero espiritual. No me hizo preguntas ni criticó mi implicación en los Adventistas del Séptimo Día. Al mismo tiempo, volvimos al ritual que habíamos iniciado en Nueva York. Iba con él a los servicios de la Founder's Church of Religious Science en Wilshire Boulevard. También íbamos a la City of Angels Church of Religious Science, cuyo pastor era el reverendo O. C. Smith, que había cantado con Count Basie antes de obtener un gran éxito con 'Little Green Apples'. Smith predicaba que todos los corazones humanos son parte de una infinita inteligencia que podemos llamar Dios o Espíritu o incluso Conciencia de Cristo. Muy poético y ocurrente, pero yo ya andaba por otra senda. Había aceptado a Jesús como mi Señor y Salvador personal.

Aquel mensaje, que siendo niño escuché en los discos de Mahalia Jackson que ponía la abuela Bessie, había completado el círculo y me había devuelto al punto de partida. Aquel mensaje había alcanzado mi mente, pero ahora estaba en mi corazón. Quería alabar al Señor a través del don que Él me había dado.

En la iglesia conocí a algunos tipos que armonizaban estupendamente. Pensé que sería fantástico montar un grupo. Una tarde, les invité a nuestra casa para trabajar en unos himnos. Empezamos con 'We're Going to See the King':

«Pisé el agua / El agua estaba fría / Enfrió mi cuerpo / Pero no mi alma / No hay que preocuparse / No hay que inquietarse / Ven Jesús / Jesús, ¡Él lo arreglará.»

Y a continuación: «¡Aleluya, aleluya, vamos a ver al Rey!».

Aquello empezaba a cuajar cuando, de repente, mi padre entró por la puerta principal. Nos miró de arriba abajo. No le gustó nada; ni siquiera intentó ser amable.

«¿Qué demonios está pasando aquí?»
Me recordó que no se me permitía invitar a nadie a no ser que él o mamá estuviesen en casa. «Esto es distinto», dije. «Es parte de la iglesia». Les dijo a mis amigos que se marcharan. Me sentí avergonzado y humillado. Papá sabía muy bien que no estaba haciendo nada malo. Me refiero a que era un crío que no había invitado a sus colegas para montar una fiesta. ¡Le estábamos cantando al Señor! Pero a papá no le importaba. Tenía que demostrar que él era el jefe. Al marcharse todos, me fui a mi habitación. Esperé a que mamá llegase a casa para quejarme. Lo entendió, pero en lo referente al matrimonio, mamá era de la vieja escuela. Mamá sentía verdadera devoción por papá y, para mi infortunio, papá era, a su vez, un insobornable custodio de la disciplina.

Y, pese a ello, aceptaba de muy buen grado las admoniciones disciplinarias del abuelo. Cuando me ordenaba hacer cosas, obedecía con firmeza pero también por amor y respeto. Solía subir andando por la colina desde Village Green y, a las seis de la mañana, ya estaba de pie al lado de mi cama echándome gotas de agua en la frente hasta despertarme. ¡Hora de trabajar! Y trabajar significaba arrancar las malas hierbas del patio trasero, cortar el césped, cortar y apilar troncos. Lo detestaba, pero lo hacía. Mi amor y respeto por aquel hombre podían con mi natural tendencia a la vagancia en menesteres domésticos.

Y así como mis padres jamás hablaban sobre su pasado, el abuelo siempre lo hacía. Mientras trabajábamos, enfrascados en esas tareas juntos, me contaba historias de su juventud en las Bahamas, Miami y Brooklyn. Nunca hizo alarde de sus andanzas, pero jamás dejó de inculcarme que el trabajo duro era la única forma de salir adelante. El precepto cuya observancia subrayaba siempre era que debes construirte una buena base. No se cansaba de repetirme que los logros no surgen del azar, sino de la disciplina. Empapado en sudor, jamás se quejó del trabajo manual. De hecho, se deleitaba con esas tareas. Me enseñó que perseverar en el trabajo no es un peñazo sino fuente de alegría. Y razón llevaba.

CATORCE AÑOS CASADOS: EN CASA CON LA ESTRELLA TELEVISIVA DE *THE JEFFERSONS*

Este era el titular sobre la foto en color de papá y mamá en la portada de *Jet*, la más popular de las revistas de la América Negra. Con una amplia sonrisa, mamá vestía un kimono rosa y posaba la mano en el hombro de papá. Papá parecía el hombre más feliz de la tierra. El pie de foto rezaba: «ROXIE ROKER y su esposo Sy Kravitz».

El artículo explicaba que el matrimonio de mis padres «no es ni siquiera típico entre las parejas mixtas. La mayoría de los cuatrocientos veintiún mil matrimonios interraciales de la nación son de hombres negros y mujeres blancas. Pero entre la minoría están los Kravitz y Pearl Bailey y Louie Bellson, Leslie Uggams y Grahame Pratt, Chaka Khan y Richard Holland, Maya Angelou y Paul du Feu, y Minnie Riperton y Dick Rudolph».

En la entrevista, papá describe su propuesta de matrimonio a mamá: «Cuando le pedí que se casase conmigo, se rio y repuso: "Debes estar de broma". Su madre añadió, "Es un buen hombre, pero…". Y ahora su madre y yo somos inseparables».

La mayor parte del artículo trataba sobre la carrera de mamá, con una única referencia al trabajo de papá. A raíz del éxito de mamá, a él le había picado el gusanillo del mundo del espectáculo. Mantenía el empleo pero usaba sus contactos para intentar hacerse un hueco en esa industria. Vio posibilidades en el pop de raíz rhythm 'n' blues, con el que habían obtenido éxito cantantes como Phyllis Hyman y Angela Bofill. Pronto descubrió a una buena vocalista, Phyliss Bailey, una atractiva operadora de micrófono en *The Jeffersons*, a quien estaba convencido de que podía convertir en una estrella.

Papá tenía buen gusto. Seleccionó una docena de buenas tonadas y contrató a los mejores músicos de la ciudad; al mejor arreglista, Gene Page, principal colaborador de Barry White; y a dos grandes productores, Charlie Colello, que había trabajado con Sinatra y Springsteen, y a Leslie Drayton, director musical de Marvin Gaye. Financió una serie de presentaciones de Phyliss en Tom Rolla's Gardenia Restaurant and Lounge, un pequeño club en Santa Mónica Boulevard, e invitó a la prensa. Acudimos a verla todas las veces que actuó allí.

Phyliss tuvo buenas críticas y apareció mínimamente en la prensa, pero su carrera nunca despegó. Papá no encajó bien aquel revés, pero era tenaz. Su siguiente proyecto iba a ser una línea de ropa. Ideó una basada en los tejidos y diseños que vestían los jockeys en las carreras de caballos. A papá le gustaba apostar, y apostar por un atrevido concepto para moda masculina parecía apuesta segura. No lo era. La empresa quebró.

Su siguiente intentona fue comprar un caballo de carreras que nunca llegaba el primero. Después de aquello, perdí la cuenta de sus proyectos. No importaban los fracasos acumulados, siempre estaba trabajando en uno nuevo, reuniéndose con inversores y planeando algo espectacular. Mamá prosperaba, pero los proyectos de papá se estancaban. De hecho, las ganancias de mamá pagaban las fallidas aventuras de papá.

Pero, compadre, cómo se la jugaba. No paraba. Como el abuelo, papá trabajó cada día de su vida. Me enseñó que, aunque las cosas salgan mal, debes seguir adelante. No desfallecer hasta alcanzar tu sueño. Por desgracia, no creo que papá alcanzase el suyo.

Sin embargo, hubo grandes momentos que casi siempre iban acompañados de una buena banda sonora musical. Mamá y papá nunca abandonaron la tradición iniciada en Nueva York, con Bobby Short, de llevarme a los clubs. Fuimos al Parisian Room, en Washington y La-Brea, a escuchar a Kenny Burrell, el gran guitarrista de bop blues que, a la manera de los apologetas del hard bop, hurgaba en las esencias del blues sin abandonar, por ello, la innovadora liberación emprendida por el bebop. Allí disfrutamos también de Arthur Prysock, un cantante barítono de jazz que había trabajado con Basie. ¡A mamá le encantaba su dosis de Arthur Prysock! Y luego había un club al que solíamos ir a ver a Gil Askey y su orquesta. Gil era famoso por sus arreglos para Diana Ross y las Supremes, los Temptations y los Four Tops.

Con mis padres íbamos siempre al Playboy Jazz Festival, en el Hollywood Bowl. Nuestro contacto allí era la amiga íntima de mamá, Sylvia O'Gilvie, ayudante guionista del director en *The Jeffersons*. Sylvia trabajaba en el festival y nos conseguía un palco. Aquello parecía una reunión de viejos amigos, pues el maestro de ceremonias permanente era Bill Cosby; otro gran amante del jazz. Cosby y mamá eran ambos parte de la muy bien conectada comunidad de actores negros que entonces trabajaba en televisión.

El Playboy Jazz Festival duraba todo un día y parte de la noche, y yo podía sentarme junto a mi padre, sin decir una palabra, y disfrutar de la sesión. A él le gustaba la música tanto como a mí. El festival Playboy fue el primer lugar donde vi a Miles Davis en vivo, una figura importantísima en mi temprana juventud. Miles tenía un estilo impecable como músico y como hombre. Tenía el coraje de ir saltando de un género a otro. Hizo añicos el estereotipado molde del músico de jazz y vestía como una estrella de rock. Ver a Miles siempre era un acontecimiento.

Y luego llegó la gran reunión con su grupo de los sesenta: Herbie Hancock, Wayne Shorter, Ron Carter y Tony Williams. Me gustaba cómo Miles daba la espalda al público. Era parte de su implícito eslogan: me-importa-una-mierda. También lo veía como un modo de llamar la atención sobre la maestría de alguien a quien había convertido en una estrella: el batería Tony Williams, cuyas manos se movían en seis direcciones distintas a la vez. Con mis padres vimos también a Miles cuando versionaba 'Human Nature' de Michael Jackson y 'Time After Time' de Cyndi Lauper. Canciones mucho más asequibles que aquellas antiguas improvisaciones de fusión que tanto me habían maravillado. Fue ese el momento en el que Miles echó el resto en el mejunje, con guitarristas desacomplejadamente roqueros y transitando sin rubor alguno hacia una pulsión rítmica funk. Pero incluso el Miles más comercial tenía encanto, nunca nunca perdió su aura. Llevaba sus gafas oscuras envolventes y su traje plateado Kohshin Satoh como un dios. Era un tunante sin par.

Mi familia intimó con Miles cuando este se casó con mi madrina Cicely Tyson. Nos veíamos a menudo. Recuerdo el momento en que mamá le dijo a Miles que yo estaba muy metido en la música. Sonrió y asintió silenciosamente pero con un gesto de aprobación. A lo largo de mis primeros tientos, siempre me apoyó. Muchos dicen que era distante, pero yo le veía como una fuente inagotable de inspiración y un aliado. Y como Miles no era una persona dada al elogio, una palabra de ánimo procedente de él valía lo que diez mil palabras de cualquier otro.

La bendición de Miles fue todo un acicate. Yo comía, vivía y respiraba música. Mamá me había comprado una batería Ludwig de cinco piezas y acabado natural que me acostumbré a tocar mientras sonaban discos como

Breezin' de George Benson y 'Blame It on the Boogie' de los Jackson durante horas y horas. Cuando papá no estaba, invitaba a mis amigos de Crenshaw para tocar juntos. Si papá tenía que volver a casa, no me arriesgaba y bajaba a sus apartamentos, donde tocaba la guitarra en sesiones en las que sonaba 'Jupiter' de Earth, Wind & Fire. Al probar con todos los instrumentos —batería, guitarra, bajo, teclados— no estaba tratando de combinar géneros a propósito; simplemente exploraba todos aquellos distintos estilos que amaba. Rock, soul, pop, clásica, jazz, funk, lo que fuese; para mí era de lo más natural.

Un día, en 1978, mamá estaba organizando una fiesta en Cloverdale, y la convencí para que dejase que yo y mis amigos tocásemos para sus invitados. Reuní a algunos de los mejores músicos que conocía, y nos aprendimos los grandes éxitos de la música disco. Empezamos a tocar y todos salieron a bailar. Mamá sonreía al ver lo sorprendidos que parecían los invitados. No estoy seguro de qué es lo que pensaría papá. Estaba demasiado ocupado charlando con Max Julien o Roscoe Lee Browne.

Una noche que no olvidaré: estaba profundamente dormido —pasada la medianoche— cuando me despertaron fuertes voces desde la sala de estar. Taj Mahal, el gran bluesman, había pasado a visitar a mis padres tras su concierto. Tuve que saltar de la cama para saludarle. A todos nos encantaban los discos de Taj. También le respetábamos por su conocimiento enciclopédico de las músicas del mundo. Taj es un hombretón. Tiene una voz profunda, hosca, una actitud sensata y un alma dulce. Cuando entré en la sala en pijama, frotándome los ojos para despertar, Taj me recibió afectuosamente. Le conté que estaba tocando. Papá añadió que debería concentrarme más en mis estudios. «Sus notas dan pena, y cada año son peores.»

Taj me miró, miró a papá, y entonces hizo algo que ningún adulto había hecho antes. Se puso en contra de papá y defendió mi futuro como músico.

«Creo que el chico lo está haciendo bien», dijo. «Déjale en paz. Sabe lo que hace.»

Aquello fue importante. Taj me animó a redoblar mis esfuerzos en pos de la consecución de mis propios sueños. Mi inflamable energía se desató aún más todavía. Por toda la ciudad había bandas con las que quería tocar pero, ¿cómo podía llegar a los clubs? Estar en Cloverdale, alejado del transporte público, era un obstáculo. Debía acercarme a donde se hacían actuaciones. Me tomó su tiempo decidirme, pero encontré el modo.

Una noche, entré en el dormitorio de mis padres mientras dormían, me puse a cuatro patas, gateé más allá de su cama, y abrí lentamente la puerta del armario de mi padre. La puerta chirrió, y me detuve. Me aterrorizaba que papá pudiera pillarme en el acto, pero no lo hizo. Pude abrir el armario sin despertar a mis padres y llegar al estante en que guardaba la escopeta y las llaves del coche. Con las llaves del coche de mi madre en la mano —no me atrevía a llevarme el Rolls de papá— me arrastré por donde había venido, pasé de puntillas por la entrada de los coches, quité la marcha al automóvil y lo empujé colina abajo desde casa antes de ponerlo en marcha y conducir hacia la noche. Fue una locura. Mis amigos hacía poco que me habían enseñado a conducir pero todavía no tenía el permiso. Contaba solo catorce años.

Estas eran aventuras artísticas, no escapadas eróticas. En aquella época, mi amistad con las chicas todavía se limitaba al cultivo de la amistad fraternal. Las chicas no me veían de forma romántica. Les iban los deportistas o los jugadores, y yo no lo era. Yo era de esa clase de chico amable que escuchaba pacientemente sus problemas. Cuando me contaban que algún gilipollas las había maltratado, yo escuchaba con empática atención. Esto me bastaba. En cualquier caso, me interesaba más perseguir a la música que a las chicas.

Así que, las noches en que le robaba el Buick a mi madre, me dirigía a una sesión musical o a un club. Y fue en uno de esos clubs donde conocí a una asombrosa chica de ojos verdes.

JEWEL

Subí a tocar espontáneamente la batería en un club de San
Fernando Valley. Me estaba tomando un descanso cuando se me acercó una chica con piel de coco, penetrantes
ojos color esmeralda y una sonrisa seductora. Su rostro
era hermoso. Su cuerpo, exuberante. Su voz, atractiva.

Me dijo que quería hablar.

Guau. Muy bien.

Me preguntó la edad.

Se la dije y me interesé por la suya.

Catorce.

Me sorprendió, parecía mayor.

Me dijo que parecía mayor para su edad. Me preguntó si tenía novia.

No.

Le parecí curioso. Me gustó escucharlo, pero algo en
su voz no me cuadraba.

Al principio, parecía que me estaba entrando —por
vez primera en mi vida— pero entonces su comportamiento cambió. Tras charlar durante más o menos unos
quince minutos, los ojos se le llenaron de lágrimas y empezó a llorar. Y entonces soltó la verdad: me dijo que yo
era un buen chico y que no podía hacerme esto a mí.

¿Hacerme qué?

Mentir.

¿Mentir sobre qué?

Mentir al hacer ver que yo le interesaba cuando no era así.

Me sentí confundido, le pedí que se explicara.

Me dijo que se trataba de mi padre.

¿Mi padre?

Sí. Jewel me contó que estaba siendo controlada por un macarra que le había dicho que se relacionase conmigo para que él pudiese llegar a mi padre. Su chulo veía a mi padre como un potencial cliente regular de Jewel.

Aquella confesión me dejó alucinado. No tenía ni idea de que mi padre se relacionase con prostitutas. ¿Por qué un macarra apuntaba a mi padre? Jewel me contó que el chulo conocía a mi padre de los estudios de grabación.

Jewel era buena chica, su buen corazón la delataba. Se veía la pureza en sus ojos. Pese al jodido encargo que le había encomendado su macarra, había logrado atravesar la oscuridad y salir a la luz. La vi tal y como era.

Nuestra charla se puso seria. Me contó que el primero que abusó de ella fue su padre. En las fiestas, los amigos de su padre se la habían pasado unos a otros. Yo estaba horrorizado; y también extrañamente motivado. Tenía que salvarla.

Y no lo digo para ponerme una medallita: la heroicidad era lo último que tenía en mente. Era únicamente una reacción visceral. Ella era tan hermosa por dentro como por fuera. Debía ayudar a esta chica. Le dije que tenía que escapar de las garras de su macarra. Pero ¿cómo? Trabajaba en un sórdido motel en Ventura Boulevard, en la zona chunga del Valle. Él la vigilaba. Le dije que no importaba cuánto la vigilase, tenía que salir de allí. Yo tenía que sacarla de allí. Mañana.

Formulé un plan. La noche siguiente le robaría otra vez el coche a mamá para ir a buscarla. Ella me advirtió del riesgo, a lo que respondí que más peligroso era seguir siendo la esclava de ese tipo. Ella le temía. Yo también, pero había que hacer algo, de inmediato. Tendría que hacerse la noche siguiente. Pero, ¿y si ella tenía que trabajar? Le dije que se hiciese la enferma. Yo estaría allí a medianoche para recogerla. No estaba seguro de que me hubiera tomado en serio pero, en cualquier caso, me pasó la dircoción del motel. Necesitaba desesperadamente que la ayudasen.

Al día siguiente no podía dejar de pensar en Jewel. Pese al poder que su chulo ejercía sobre ella, había sido sincera conmigo. El plan del macarra para involucrar a mi padre me cabreaba. No quería pensar en lo que había dicho de mi padre, así que no lo hice. Y me concentré en mi plan.

Pasaban las horas. Puse la radio. ¿Realmente sabía lo que estaba haciendo? ¿Estaba preparado para buscarme un problemón con un proxeneta criminal? No. La idea era evitar al macarra machaquilla. Pero ¿y si aparecía? Mejor no pensar en eso. Mejor pensar solamente en la tarea que teníamos entre manos. Yo estaba resuelto y listo.

Aquella noche, volví a gatear por el dormitorio de mis padres para hacerme con las llaves del coche de mamá. Mis padres no se movieron. Me escabullí y conduje hasta el Valle. Estaba muy nervioso. Si me paraban los polis, no tenía permiso de conducir. Si me sorprendía el macarra de Jewel, yo no llevaba pistola. Demonios, ni siquiera llevaba una navaja. Tampoco tenía un plan concreto, tan solo sacar a Jewel del motel.

Alcancé el Valle y seguí descendiendo Ventura Boulevard. Llegué a una cuadra con una hilera de moteles baratos. El motel en el que Jewel me había dicho que se hospedaba estaba iluminado por una luz de neón parpadeante que proyectaba una inquietante sombra de un verde lívido sobre el lugar. Me sentí como en una película de terror. Aparqué delante de su habitación e hice señales apagando y encendiendo las luces delanteras. Pensé que Jewel estaría esperando y saldría enseguida. No fue así.

Me puse nervioso, y a punto estaba de bajar del coche y llamar a su puerta, cuando un coche aparcó al lado del mío. Era un sedán granate de largo trasero. Tenía que ser el chulo de Jewel. Se me aceleró el corazón. No sabía qué hacer. Quise girarme para ver quien estaba al volante, pero en vez de eso seguí mirando al frente. Pronto iba a saberlo.

Quien fuese que condujera el otro coche detuvo el motor. Se abrió la puerta del conductor. Luego la del otro pasajero. Aguanté la respiración. Escuché una carcajada; pero la que reía era una mujer. Levanté la mirada cautelosamente. Justo delante de mi coche estaba una mujer blanca alta acompañada de un hombre blanco bajito que le doblaba en edad. Ella me miró directamente, con una gran sonrisa en su rostro. El miraba en otra dirección. Los dos dieron unos pasos hasta llegar a la habitación que habían reservado. Y entonces desaparecieron. Le di gracias al Altísimo.

Justo en aquel momento, Jewel abrió la puerta. Me saludó con la mano, y yo le devolví el saludo. Volvió a entrar a por su maleta. Bajé corriendo y la cargué hasta el coche, convencido de que aquel hijo de puta vendría hacia mí rugiendo con una escopeta recortada. Me dijo que me apresurara pues su chulo había salido a buscar algo de comida y volvería en cualquier momento.

Tan pronto Jewel estuvo a bordo del coche, salí pitando como un atracador de bancos. Volamos por Ventura Boulevard libres como pájaros. Durante un buen rato no medió palabra. Jewel quería saber a dónde nos dirigíamos. Yo no lo tenía claro. Seguía muy alterado y estaba hecho un manojo de nervios. Me refiero a que ni siquiera conocía a la chica. Seguí conduciendo. Ella continuó agradeciéndomelo. Yo seguía preguntándome a dónde llevarla.

No podía llevarla a casa de un amigo. ¿Qué dirían los padres? No, solo había un lugar que tuviese sentido; aunque en realidad no tenía ningún sentido. Debía llevarla a casa.

Ella quiso saber qué dirían mis padres. Le dije que no podían enterarse. Tendría que esconderla en mi habitación. No puso objeción. Estaba feliz por haber escapado del infierno.

Cuando por fin llegamos a casa, detuve el coche a distancia prudencial y apagué el motor. Entonces, con Jewel, empujamos el coche hasta la entrada. Luego fuimos de puntillas hasta la puerta trasera que daba a mi habitación. El asunto era todavía más complicado, pues en aquel momento la hija de mi primo Esau, Jennifer, estudiaba en Los Ángeles y dormía en nuestra habitación de invitados. Tres personas a las que no despertar.

Una vez en mi habitación, le mostré mi cama, muy elevada del suelo. Le dije que debajo había espacio suficiente para dos colchas y una almohada. Podía dormir allí. Me miró con expresión divertida. ¿Por qué no podía dormir conmigo?

Le dije que era hermosa, pero que no podía haber sexo. El objetivo era mantenerla a salvo. Yo tenía que ser la única persona de quien podía depender, la única persona en la que podía confiar. Debía saber que no había otro motivo por mi parte.

Su reacción no fue clara. Parecía algo desengañada, pero quizás solo estuviese confundida. No estaba acostumbrada a que la tratasen bien.

Mientras ella se cambiaba en el baño, me metí en la cama. Puse el despertador lo bastante temprano como para poder sacar a Jewel de casa antes de que se despertasen mis padres. Exhausto, caí dormido.

A la mañana siguiente todo fue según lo planeado. Le mostré a Jewel como salir por la puerta exterior de mi lavabo y saltar sobre la valla. Ella fue a lo suyo mientras yo estaba en la escuela. Nos volvimos a encontrar en casa por la tarde antes de que volviesen mis padres. Me aseguré de que tuviese suficiente comida.

Aquella situación era una locura, pero duró todo un mes. Durante el día, Jewel quedaba con sus amigos y buscaba cualquier clase de empleo. Me dijo que quería pasar página, y la creí. Me dijo que se había enamorado de mí y se ofreció a hacer lo que fuese para traerme dinero. Esto era lo último que yo quería, pero comprendí que así había estado viviendo su vida. Le dije que debía dejar esas cosas en el pasado. Nos abrazamos, y a veces me besaba en la mejilla, pero la cosa no fue más allá. Mantuve mi promesa. De no hacerlo, me hubiese odiado a mí mismo. Escuchar su historia me partió el corazón. Como muchas otras chicas descarriadas, se habían aprovechado de ella hombres avariciosos que la habían vendido a peso. Y ella no había tenido fuerzas para resistirse.

Yo sabía que esto no podía durar para siempre pero, al mismo tiempo, no podía encontrar un lugar permanente para ella. La rutina siguió igual, y el plan parecía estar funcionando… hasta una fatídica tarde. Jennifer la vio saltando la valla y entrando en nuestro jardín. Jewel se dio cuenta de que la habían visto y corrió a esconderse en el armario de mi habitación. Al instante, Jennifer vino a mi habitación pidiendo explicaciones sobre lo que estaba ocurriendo. Le conté la verdad. Jewel salió del armario. Jennifer se sintió obligada a contárselo a mamá. Intenté convencerla de que no lo hiciera, no hubo manera.

Aquella noche fue muy dura. Mamá se puso hecha una fiera al enterarse de lo sucedido. Afortunadamente, papá estaba de viaje. El enfrentamiento empezó con mamá insistiendo en que trajese a Jewel a la sala de estar. Necesitaba hablar con la chica. Jewel estaba casi temblando. Cuando nos presentamos ante ella, mamá se había recuperado de la impresión inicial y se había tranquilizado. Estábamos solo nosotros tres. Lo primero que le preguntó mamá es dónde estaba su familia. «¿Dónde están los tuyos?» Jewel puso a mamá al corriente del estado de la relación con su padre. Vi que mamá asentía y la creía, sin dudar por un instante, tal como me sucediera a mí. Mi madre sabía leer a la gente.

Lo próximo que mamá quiso saber es qué ocurría entre nosotros dos. Jewel le dijo que yo había sido un caballero. Había puesto colchas y almohadas bajo la cama. Juró que no habíamos sido amantes y, de nuevo, mamá la creyó. Al mismo tiempo, dejó claro que esta situación no podía continuar. Algo tenía que hacerse y, al ser mamá como era, propuso una solución.

Le contó a Jewel que ella y Christina Crawford, hija de la actriz Joan Crawford, eran miembros de ICAN, el International Council for the Abused and Neglected [organización internacional para las víctimas de abuso y abandono]. Christina había escrito *Mommie Dearest*, las famosas memorias donde narraba los pormenores de los abusos a manos de su madre, la estrella de cine. Mi madre explicó que, como voluntarias, ella y Christina habían trabajado en la ICAN. La ICAN era una organización internacional de primera categoría, y allí Jewel podía recibir la ayuda necesaria. Entonces mamá le preguntó si estaba dispuesta a ingresar. Jewel no sabía qué decir. Estaba abrumada. Acabábamos de ser sorprendidos por mamá, quien, sin más preámbulos, ya le estaba proponiendo solicitar ayuda a una entidad en la que no conocía a nadie. Parecía aterrorizada. Ahí estaba mi madre —¡la señora de *The Jeffersons*, nada menos!— enfrentándose a ella. Pero, en lugar de ponerse histérica, mamá manejó la situación con suma delicadeza.

Mirando al suelo, Jewel se tomó su tiempo antes de responder. Nadie dijo una palabra. Finalmente, levantó la mirada y dijo sin alzar la voz: «Iré». Estaba dispuesta a ir a cualquier lugar donde estuviese a salvo. Mamá le tomó la mano y dijo: «Todo saldrá bien, nena».

Ese mismo día llevó a Jewel en coche a la ICAN. Las acompañé, pero mamá era quien llevaba la batuta. Ayudó a Jewel a completar todo el proceso de admisión y le presentó a sus amigos de la facultad. Antes de irnos, Jewel y yo nos abrazamos por última vez. Me prometió que se mantendría en contacto.

Jewel estuvo allí unas semanas hasta que fue entregada a su abuelo, a quien la ICAN había localizado en el distrito de Crenshaw. El hombre era ministro de la iglesia. Todo parecía ir bien, pero no era así. No pasó mucho tiempo hasta que Jewel llamó para que fuese a recogerla. ¿Qué ocurría? No podía decirlo por teléfono, pero era urgente.

Cuando la recogí me contó la historia. Su abuelo había entrado cuando ella se estaba bañando. Dijo cosas obscenas e hizo sugerencias lascivas. De repente, vio la misma enfermedad familiar que la había perseguido toda la vida. Empezó a decirme que seguía enamorada de mí y que ganaría dinero con el sexo para que pudiésemos escaparnos juntos, pero la detuve. «No puedes seguir hablando así», dije. No era mi intención reprenderla, sabía que era su manera de expresarme su amor. Sonaba tan convincente, y ella era tan adorable pero de ningún modo íbamos a hacer eso. Y yo definitivamente no podía esconderla por más tiempo en mi casa.

La recogí y la llevé a casa de una de sus amigas. Me dio un beso de despedida, me dio las gracias, y desapareció. Pasarían muchos años hasta que volviese a tener noticias de Jewel.

LA MADRE PATRIA

Iba a empezar mi primer año de secundaria en el instituto. Al residir en un vecindario predominantemente negro, estaba convencido de que acabaría en el predominantemente negro Dorsey High. Me gustaba la idea. Tenía amigos que iban a Dorsey y, además, a diferencia de la escuela primaria, situada a veinte kilómetros de casa, quedaba relativamente cerca. Por cuanto me fue revelado poco antes, no tardé en averiguar que mi futuro académico no iba a pasar por Dorsey.

Así como Albert Roker quiso ofrecerle la mejor educación que podía costearse para su hija, Roxie Roker no quería ser menos y deseaba hacer otro tanto con su hijo. Un día mamá habló con Lyle Suter, compañera de clase en la Howard University, que vivía calle abajo en Cloverdale. Lyle dirigía el departamento de arte en Beverly Hills High School y le contó a mamá las mil maravillas sobre las presuntas excelencias de los programas de música y arte de la escuela, sin parangón en la zona.

Al no vivir en Beverly Hills, mamá no sabía cómo gestionarlo. Lyle sí. Le propuso al rector que mamá organizara, por amor al arte, unos talleres de arte dramático unas cuantas veces al año. A cambio, me conseguirían una plaza. El plan funcionó y, en septiembre, empezaría el nuevo curso en Beverly Hills High. Pero estábamos todavía en mayo, y tenía todo el verano por delante.

Me contentaba con aceptar, entretanto, empleos ocasionales y tocar. Pero mamá estaba dispuesta a liarla. «¿Qué tal si pasamos el verano en África?»

Claro, me encantaría viajar a África, pero ¿cómo iba ella a conseguirlo?

Bien, mamá disponía de una gran red de amigos que la adoraban. Un ejemplo: ella y Louis Smallwood eran tan íntimos como hermanos. Louis trabajaba en el plató como tutor privado de los menores Gary Coleman y el de Todd Bridges cuando trabajaban en *Diff'rent Strokes* y Ricky Schroder de *Silver Spoons*, respectivamente. Louis tenía, asimismo, otros intereses, entre ellos una sociedad con Ben Bruce, un potentado nigeriano que poseía tiendas de comestibles en Lagos. Con la idea de llevar a África el rhythm 'n' blues afroamericano, Ben había contratado a bandas para que actuasen aquel verano en el National Arts Theatre de Nigeria. Louis me ofreció un empleo como ayudante del director de escena. ¿Me apetecía?

Más que apetecerme, quería subirme al avión sin mayor dilación.

La preparación, no obstante, resultó ser bastante más dura de lo ya de por sí habitual en la antesala de estos viajes. Enseguida supe de mi hipersensibilidad a ciertas medicaciones. Las vacunas obligatorias me tumbaron, y las pastillas contra la malaria no hicieron efecto. (Más al respecto en un minuto.) Pero nada iba a detenerme. Me embarqué en el vuelo: Los Ángeles-Nueva York-Monrovia-Nigeria.

Tras aterrizar en Lagos, nos trasladaron a Louis y a mí a Yaba, un bullicioso suburbio que me recordaba vagamente a Nassau. La familia de Ben Bruce nos hospedó en su vivienda. Su casa era espaciosa y la vigilaba día y noche un guarda armado. La primera noche allí casi acaba conmigo. El calor era poco menos que infernal. Dormía en una habitación sofocante, en una cama envuelta por una mosquitera, pero la mosquitera no servía de nada. Se me comieron vivo durante horas. Las picaduras fueron tan severas que llegué a delirar. Ben y Louis tuvieron que meterme bajo la ducha para que recobrara la cordura.

Al día siguiente, sin haber pegado ojo y cubierto por irritadas picaduras, me levanté decidido a pisar las calles. Lo primer que hice fue quedar como un tontolaba. Inquirí a un agente de policía donde estaban los leones. «En el zoo», dijo. «¿Dónde si no?»

Me sentí como el típico niñato bobalicón norteamericano a quien es preciso recordarle que está en una ciudad con edificios de oficinas y hombres de negocios cartera en mano. La diferencia, claro está, es que allí todo el mundo es negro. Debo confesar que me complació la sensación de hallarme en una nación totalmente negra.

El centro de Lagos es genial, pero más lo eran las calles secundarias. Allí es donde hice amigos. Los percusionistas lanzaban sus descargas sobre toda clase de tambores que jamás había visto. Los probé todos, fue toda una experiencia. Pasaba las noches en una discoteca instalada en un gran barco que habían arrastrado a tierra firme. El mayor descubrimiento de aquel verano fue Fela Kuti, el músico nigeriano que había creado el género sociopolítico del *afrobeat*, que había prendido en el mundo entero. Al igual que Bob Marley, Kuti canalizaba una vibración universal, personificaba el genio africano. Yo ya llevaba incrustada en el alma la música africana. África me habló. África era yo.

Me encantó Nigeria. Me gustaban los arcaicos rostros de los hombres, mujeres y niños; el modo en que andaban y corrían, hablaban y reían; sus sencillas camisas blancas y vestimentas; sus brillantemente diseñados dashikis; sus turbantes; su comida callejera, en especial la *suya*, carne muy picante ensartada en una brocheta; el aperitivo callejero más popular en Nigeria. En docenas de ocasiones a diario, me sentí tan azorado que tenía que pararme y recordarme a mí mismo: «Estas son mis raíces». Como en las Bahamas, sentí una fuerte conexión con todo lo que me rodeaba, tenía la sensación de pertenecer a ese lugar.

En lo referente al trabajo, ayudé a las bandas que Ben Bruce había traído desde Estados Unidos, entre las cuales estaba One Way, con Al Hudson, que había obtenido éxitos bailables como 'Pop What You Got'. Eran los tiempos de los grupos de rhythm 'n' blues R&B funk como Lakeside y Con Funk Shun.

Me gustaba llevarles refrescos y cervezas. Un día que no encontraba el abridor de botellas, una chica de mi edad me enseñó a descorchar una botella con los dientes. Nunca me atreví a ponerlo en práctica, pero lo que sí podía hacer era tocar los tambores. El batería de One Way me dejaba tocar en una o dos canciones. El público africano enloquecía con el soul americano. Los bolos fueron muy bien.

Amaba Lagos. Aun así, no entendía ciertas actitudes. Vi a propietarios negros de presunta clase alta maltratar a sus sirvientes negros con extrema brutalidad. Aquello me molestó. Como americano, solo había visto a blancos tratar así a los negros. Recuerdo a un hombre que estaba sentado en la puerta principal de la propiedad, bajo un calor insufrible; operaba manualmente la puerta para que los coches pudiesen entrar y salir. Incluso dormía allí en el suelo, siempre a punto para cuando llegase un automóvil. Cuando le pregunté al propietario por qué lo trataba así, me dijo con arrogancia: «Trabaja para mí. Es su empleo».

Estoy convencido de que se sentía con derecho a hacerlo, pero me molestó mucho. Lo mismo que la fuerte presencia militar en el país. Nos paraban para registrarnos cada vez que cruzábamos de una zona de la ciudad a otra. Los soldados se mostraban amenazantes y con poca paciencia. Blandieron sus metralletas ante mi cara. Nunca antes había visto algo así. Me asustaba, pero lo que sentía no era solo miedo. Era la opresión de una sociedad regida por la fuerza bruta.

A pesar de aquella opresión, la madre patria y sus vibrantes hijos devinieron una fuente de gran inspiración.

En el trayecto de regreso a casa, Louis Smallwood quiso detenerse en Ámsterdam. Mi primer viaje a Europa coincidió con un acceso de malaria, leve pero debilitante. Estuve dos días en cama, en el Hotel Pulitzer, tiritando y sudando, perdiendo la cabeza. Al bajar la fiebre, recuperé mi hiperactividad, y pasé veinticuatro horas correteando por esa ciudad, asombrado por sus antiguos canales y puentes, y en especial por el Bulldog, un famoso coffee shop donde me mostraron un menú con varias cepas de cannabis. ¡Un menú! ¿Estás de broma? ¿Un fumeta alucinando en una ciudad donde la marihuana es legal? Menudo colocón pillé.

BEVERLY HILLS

Al ser un crío del Upper East Side de Manhattan, había visto riqueza y lujo, pero en Beverly Hills el oropel estaba a otro nivel. Me hice amigo de chicos que vivían en mansiones tan grandes como museos y eran llevados a la escuela en Bentley conducidos por chófer. Muchos de ellos conducían sus propios Porsche y BMW.

Uno de mis primeros amigos fue Kennedy Gordy. Era músico y, en general, un buen tipo al que le gustaba tocar con sus colegas. Me invitó a su casa en Bel-Air. Subí por aquella tortuosa carretera que conducía hasta la cima de la montaña desde donde se avistaba toda la ciudad. Su casa parecía un palacio. Berry Gordy, el fundador de Motown, era su padre.

En casa de los Gordy, en un día cualquiera, te encontrabas con Diana Ross cerca de la piscina. Smokey Robinson y Marvin Gaye jugaban a cartas en un estudio. ¡Aquella casa era el paraíso! Lo tenía todo. Una habitación albergaba la sala de juegos con todos los juegos de video que molaban. Yo solía coger el autobús hasta Westwood para gastar mi dinero en aquellos juegos. Y aquí estaban todos, ¡gratis! También se podía pedir a la cocina de los Gordy todo tipo de comida, a cualquier hora del día, y alguien te la traía hasta la habitación de Kennedy. Oh, y en su habitación, Kennedy tenía la siempre lo último en tecnología: los últimos estéreos, televisores, y el novísimo reproductor de vídeos Betamax. Pusimos el primer largometraje porno que me tocó en suerte ver, *Misty Beethoven*. Aquello era insuperable

Y luego estaba la sala de ensayo. Llena de brillantes baterías, guitarras, bajos, teclados y amplificadores. Podíamos tocar toda la noche sin que nadie nos dijera que parásemos.

En otra sala había un pequeño escenario con un piano y un micrófono. Allí era donde Mr. Gordy hacía las pruebas a los aspirantes a artista. Con Kennedy montamos nuestro grupito. En una o dos ocasiones, apareció por allí Mr. Gordy, nos escuchó un rato, sonrió, dejó caer unas palabras de ánimo, y se fue por donde había venido.

El Beverly Hills High Music Department estaba verdaderamente a la altura de su reputación, pero no me fue nada fácil adaptarme. Acababa de dejar atrás mis tres años con el prestigioso California Boy's Choir, y la verdad es que me comportaba con cierto esnobismo. Me refiero a que había cantado en grabaciones dirigidas por Zubin Mehta y había actuado con la Metropolitan Opera. ¿Y ahora tenía que formar parte de un coro de instituto? Podría decirse que me pasé de frenada con mi galopante arrogancia. Joel Pressman era el profesor de música, y me enfrenté a él, pero él sabía cómo manejar a niñatos como un servidor. También él tenía su carácter. Supo mostrarme cuán importante es en nuestra profesión estar atentamente abierto y receptivo a todos los retos que se te ofrezcan. No importa lo que creas que sabes, siempre hay algo que aprender. Mr. Pressman y yo aprendimos a llevarnos bien.

Otro tanto diría de Mr. Farmer, que daba clases de orquesta, big band y otros formatos de banda. Confiado en mi pericia con los rudimentos de la percusión, discutí con él sobre tempo y sentimiento. Cuando daba instrucciones, yo le cuestionaba. Tocaba muy bien la guitarra, así que no era exactamente receptivo a sus críticas. Como Mr. Pressman, sin embargo, Mr. Farmer sabía cómo tratarme. Vio que tendía a rebelarme ante la autoridad. Estoy seguro de que esto guardaba relación con los alborotos paterno-filiales. No obstante, ambos profesores vieron mi potencial. Quebraron mi testarudez y me dieron una lección que nunca olvidaré: estés en un coro, una formación de jazz o una banda de desfiles, la música no debe ser materia de confrontación, sino de cooperación.

En Beverly High abundaba el talento. Había un tío de pelo rizado con el aura de una estrella de rock. Su forma de tocar la guitarra era de lo más extravagante. No nos conocíamos bien. No me hice amigo de Slash hasta muchos años después.

Los musicales eran importantes en el programa de la escuela. En la orquesta yo era el batería, me sentaba en el foso a tocar siguiendo la partitura de *Oklahoma*. En escena, cantando el papel principal, estaba Nicolas Coppola, que luego se cambiaría el apellido a «Cage».

Me estimulaba la energía artística que me rodeaba en Beverly High, pero mi mayor fuente de estimulación se encontraba a tres mil kilómetros, en Mineápolis. Del mismo modo que Michael Jackson puso patas arriba mi mundo en la escuela primaria, Prince lo haría en mis días en el instituto. Cuando veía a Prince, me veía a mí mismo; o por lo menos al yo que deseaba ser. Podía componer, cantar, bailar, y extraer maravillas de la guitarra y de cualquier otro instrumento.

Prince había dado con una forma de encajar el funk en la new wave. Sabía llamar la atención y crearse una imagen. Llevaba ropas y peinados de corte más bien *punky*. Era audaz. Para mis adentros, le imaginaba diciéndose a sí mismo: «Voy a llevar una gabardina y debajo no llevaré nada más que pantis y medias negras tensadas hasta arriba y botines. Voy a excederme con el maquillaje en los ojos y a cascarme un peinado despampanante. Voy a hacer lo que me parezca, y te va a encantar».

Me gustaba 'Soft and Wet', de su primer álbum; 'I Wanna Be Your Lover', del segundo. Pero lo que me atrapó de por vida fue la publicación de su tercer álbum, *Dirty Mind*. 'Head' iba más allá de la simple y llana genialidad, por no mencionar que, en aquel momento, era ya escandalosamente sexy.

David Bowie fue otra enorme fuente de inspiración. Le dio estilo al glam y entendió el rock desde una perspectiva teatral. Siempre había adorado a KISS porque su estética me retrotraía al mundo de los cómics, pero Bowie dio un paso más. Se redefinía constantemente con una misteriosa sofisticación que siempre me pareció un verdadero arte. Al igual que Prince, era gallito y enrollado a un tiempo. Tenía un don para cambiar de personaje e inventar alter egos como Ziggy Stardust.

Empecé a pensar: «¿Podría yo convertirme en un personaje así?».

Me preguntaba continuamente: «¿Quién soy yo en realidad?».

Pronto me di cuenta de que mi búsqueda de una imagen y una voz se había activado cuando vi por vez primera a los Jackson Five. Me gustaban toda clase de voces y toda clase de pintas. Ahora, en el instituto, pasé del afro a un corte natural y me las ingenié para parecerme a Prince. Ray Hall, el peluquero de mamá en *The Jeffersons*, fue quien consiguió domar mi cabellera y la moldeó con un rizado Jheri. Cuando veo fotos mías de la época, me avergüenzan un poco, pero ¿qué se le va a hacer? Aquel era yo, asaltando Flip y Aardvark's Odd Ark, las tiendas de Melrose Place, llevando chaquetas de smoking antiguas, camisas con volantes, tejanos pitillo. Era el estilo Nuevo Romántico. En lo alto de Cloverdale, cuando no había nadie en casa, me pasaba horas en el armario de mamá, probándome pieles, fulares, y sombreros de plumas. Como Prince, me dejaba llevar por mis extravagantes intuiciones.

Mis padres no tenían ni idea de quién era yo por las noches. A solas, descubrí un mundo subterráneo de música y baile. Odyssey fue el primer lugar en el que me sentí a mis anchas; allí se reunían todos los inadaptados. Odyssey era una cueva que bombeaba al exterior la más novedosa música new wave, como Soft Cell, Haircut One Hundred y Romeo Void. Los chicos vestían camisas y blusas de estilo isabelino. Nada más entrar te impactaba el hedor a nitrito de amilo. Al fondo del club había un mostrador donde vendían esa sustancia química que llamaban *locker room*.* Si no llevaba dinero suficiente para comprar mi dosis, en la pista de baile la gente te invitaba. La cabeza me daba vueltas al bailar a solas entre la gente hasta las cuatro o las cinco de la madrugada, hora en que tenía que regresar corriendo a casa para devolver el vehículo robado. Algunas noches iba a la sesión de medianoche de *The Rocky Horror Picture Show* en el Tiffany Theater de Sunset. Ciego y totalmente disfrazado, bailaba siguiendo las rutinas y gritaba los famosos diálogos. Era bestial, un auténtico desbarre. La experiencia general tenía esa vibración comunal de llamada y respuesta de las iglesias que congregaba a los raritos.

Precipitémonos por el túnel del tiempo otra vez mássssss.

En casa, la relación con mi padre había empeorado. Seguía dando la tabarra por mis malas notas y mi desorden doméstico. No iba errado del todo; en ambas cosas tenía

---

* Popularmente conocido como *popper*, el nitrito de amilo se inhala a fin de aumentar el placer sexual. Produce una estimulación inmediata con una vasodilatación muy rápida, acompañada de una sensación de euforia y deseo sexual.

razón. Continuamente me castigaba sin salir, pero siempre encontraba formas de escabullirme. Todo ello sucedía mientras los intentos de hacerse un nombre en Hollywood por parte de papá fracasaban estrepitosamente. Su ya de por sí exigua paciencia se hizo aún más volátil todavía.

Era mi primer año de secundaria. Acababa de cumplir los dieciséis y al salir del campus de Beverly avisté a un tío que ponía 'Boogie Wonderland' de Earth, Wind & Fire en una boombox mientras le daba al ritmo en un pad de batería. Vestía un traje de diseño y elegantes mocasines Gucci, y llevaba un reloj de oro con esfera anacarada y gafas de sol marca Porsche. Su cabello parecía acicalado por Vidal Sassoon. No era uno de los estudiantes. Imaginé que era un músico profesional. Naturalmente, tuve que entrarle.

Era un tipo afable: Dan Donnelly. Acababa de regresar a Los Ángeles desde Eugene, Oregon. Se había graduado en el instituto a los dieciocho años y pensó que, acampando en el césped de Beverly High y tocando funk a todo volumen, se fijarían en él. A la percusión era un fuera de serie. Y en lo referente a los patrones rítmicos en materia de rhtyhm 'n' blues, era ya un virtuoso. Había sido criado junto a siete hermanos por su madre mexicana.

A partir de aquel día, Dan y yo fuimos inseparables. Le presenté a mis amigos. Hablé con mi profesor de música para que le permitiese tocar en las bandas de la escuela. Actué como su agente. Ambos queríamos formar bandas y que el mundo escuchase nuestra música. Dan me dejaba conducir su Oldsmobile Omega color caramelo para así poder golpear el salpicadero y sacar nuevos ritmos, hasta que aquel pobre salpicadero quedó destrozado.

Dan y yo acabamos montando en poco tiempo un negocio basado en un modelo que él había desarrollado: una empresa de servicios discotequeros, con DJ inclui-

do, para fiestas privadas. Dan se traía el equipo de sonido —cuatro torres de sonido Yamaha— y yo aprendí a
pinchar. Estaba al día de lo último en música disco y sabía qué vinilos comprar. También conocía a los que mon-
taban fiestas en Crenshaw, Ladera Heights e Inglewood.
No me costaba nada buscar bolos. Nos llamamos GQ Productions, como la revista de moda para hombres, e imprimimos unas tarjetas de lo más elegantes.

La verdad es que nos salieron un montón de bolos.
Nos contrataban en toda suerte de eventos: de los dulces
guateques adolescentes a fiestas caseras y cotillones en
las salas de baile de hoteles de lujo. Si en un principio ya
estábamos motivados, ahora íbamos a tope. Hacíamos
contactos en todas partes. Uno de esos contactos parecía una apuesta segura.

Era un turbio personaje llamado Smokey. Alardeaba
de tocar la batería en la Gap Band. La Gap Band era una
formación famosísima, además de uno de mis grupos favoritos. Una noche Smokey nos oyó tocar —Dan a la batería, yo a la guitarra—, alucinó y nos dijo que íbamos a
ser estrellas y que iba a ayudarnos a montar un grupo.
Nosotros seríamos los líderes, él nos buscaría músicos de
apoyo, y pronto iríamos de gira por todo el mundo.

Smokey incluso subió hasta Cloverdale para conocer
a mamá. Mi madre escuchó su relato con escepticismo
y sin decir palabra. Cuando se fue, expresó sus dudas.
Esto me hizo cuestionar a Smokey en nuestro siguiente
encuentro. Le pedí que demostrase sus habilidades a la
batería, pero declinó hacerlo. Dijo que no quería molestar a Dan. Dan y yo insistimos. Y ahí fue cuando nos enteramos de que Smokey no sabía ni darle a la baqueta. No
solo no era el batería de la Gap Band, además resultó que
¡estaba enganchado al crack! A Dan y a mí nos había ce-
gado la ambición, pero mamá tenía los ojos bien abiertos.

Aquel tropiezo no me detuvo. Nada iba a hacerlo. Seguí buscando el sonido deseado, la voz adecuada; seguí

en busca de mi yo musical. Y esa búsqueda me llevó a formar nuevas bandas con nuevas amistades.

En Beverly me presentaron a un tipo llamado Tracy Oberstone. Su apariencia era tan andrógina que la mayoría de la gente le tomaba por una chica. Congeniamos inmediatamente. La madre de Tracy era una jamaicana negra y su ausente padre, blanco y judío, había estado en paradero desconocido hasta que Tracy empezó a cursar secundaria en el instituto. Resultó que su padre era Sy Marsh, un agente poderoso que representaba a Sammy Davis Jr. Cuando Marsh finalmente apareció en la vida de Tracy, se limitó a entregarle una bolsa con ropa de segunda mano. Fui testigo de esa triste escena. Para complicar todavía más las cosas, Tracy se enteró de que una de nuestras amigas de la escuela, Tracy Marsh, ¡era hija de Sy! Su padre no se había molestado en decirle que iba a la escuela con su hermanastra, ¡ni que ambos compartían el mismo nombre!

Delgaducho como un alambre y con la cabeza cubierta por tirabuzones, el Tracy masculino irradiaba una vibración que, en los tiempos de Prince/Michael Jackson de los primeros años ochenta, yo estaba seguro que era ideal para una banda. Además, como uno de los bailarines en *The Tim Conway Show*, ya era un profesional. La silueta transexual a lo Mick Jagger de Tracy le otorgaba la figura de cantante principal. De hecho, lo primero que le pregunté al conocernos fue: «¿Sabes cantar?». Y respondió: «En realidad no», pero eso no me desanimó. Me lo llevé casa y, sentado al piano, empecé a enseñarle.

Con Tracy reunimos dinero suficiente para reservar un estudio en Western Avenue y grabar una canción que acabábamos de componer: 'Love Me Up'. Dan tocaba la batería, yo los demás instrumentos, y Tracy cantaba. Aprovechamos la conexión Beverly Hills High/Hollywood, le dimos la cinta a nuestro compañero de clase Jill

Bogart, para que se la pasase a su padre, Neil, propietario de Casablanca Records, hogar de Donna Summer y KISS. Bogart opinó que la canción era prometedora y se interesó por el resto del material, pero no hubo contrato. A los dieciséis años yo ya buscaba un trato con una discográfica multinacional.

La madre de Tracy era una mujer sosegada. Me gustaba ir a su casa en el 310 de North La Peer, en los Flats, un vecindario de clase media en Beverly Hills, donde tenían alquilado el piso superior de un dúplex. Su hermano mayor, Mark, disponía de un equipo estéreo Marantz, televisión por cable, y, lo mejor de todo, una pipa de agua gigantesca. Posters de las Playmates de *Playboy* cubrían las paredes. En aquella habitación escuché por vez primera *Thriller,* de Michael Jackson. Ni que decir tiene que me causó un impacto cataclísmico.

Por el mal rollo con mi padre, mi casa era mucho menos acogedora que la Dan o la de Tracy. Dan sabía manejar a mis padres —a él y papá les unía el jazz— pero Tracy no podía. Cuando le presenté a mamá, lo primero que dijo fue: «Hola, ¿cómo estás, Rox?».

Quedé aturdido. Pese a su encanto y tolerancia, mi madre era muy formal. Se comportaba siempre con corrección. La etiqueta era importante. Un crío no se dirigía a una mujer adulta por su nombre de pila a no ser que esta le diese permiso para hacerlo. Mis amigos sabían que debían llamarla «Mrs. Kravitz». En aquel momento, no obstante, a fin de ahorrarnos una situación desagradable, mamá lo dejó pasar. Se limitó a sonreír a modo de saludo, pero yo sabía lo que pensaba para sus adentros: «¿Quién se creerá este crío que es?».

Cuando ocurrían incidentes similares, mamá seguía ignorando la falta de decoro de Tracy. Hasta que llegó el ajuste de cuentas. Sucedió un día que Tracy estaba en casa y papá me había prohibido traer compañía. Mamá se ofreció amablemente a llevarlo en coche a su casa. De camino, Tracy sermoneó a mi madre diciéndole lo mal que ella y papá me estaban educando. Sostenía que la disciplina en casa de los Kravitz era demasiado estricta y que yo necesitaba más libertad. Ella callaba. Y Tracy insistía en señalar sus deficiencias como madre. De pronto, mamá se detuvo y gritó basta. Con la mano izquierda al volante, levantó la derecha y le abofeteó los morros a Tracy con la vehemencia debida y con ganas. Aquello le hizo, por fin, callar.

Cuando llegaron a casa de Tracy, le acompañó hasta la puerta y quiso hablar con su madre.

«He abofeteado a su hijo», dijo. «Y quiero explicárselo personalmente para que entienda el motivo de mi reprimenda.»

De madre a madre, aclaró lo que había pasado. Había pegado a Tracy, dijo, porque le había faltado al respeto. Esperaba que la madre de Tracy lo entendiese. Y la mamá de Tracy lo entendió. A partir de aquel día, Tracy se dirigió a mamá como «Mrs. Kravitz».

DEMASIADO RÁPIDO

A mamá no le gustó mi primera novia seria, Penélope. Dos años más joven que yo, Penélope vestía minifaldas cortísimas, bebía, fumaba y esnifaba cocaína. Y fue la primera persona con la que comencé a explorar el sexo. Mamá la describió con dos palabras: «demasiado rápido».

«Esa chica tiene más arrugas en la cara que yo», me dijo.

Pensaba que podía encontrar algo mejor. Yo no lo veía así. A Penélope le encantaba el sexo y tenía mucha experiencia en el asunto. La verdad es que, dado que mis amigos ya hacían de todo, yo llegaba con cierto retraso al ejercicio del *ars amatoria*, pero me estaba bien así. No tenía prisa por andar muy bregado en el asunto. No me interesaba forzar a las mujeres a instruirme. Entre otras cosas, porque me habían forzado a mí y no me gustaba ni iba conmigo.

Mamá y papá se habían ido de vacaciones cuando sucedió. Para que no me quedase solo, mamá invitó a su amigo Nigel, un carismático actor antillano, a que se quedase en casa y me echara un ojo de vez en cuando. Sin advertirlo, ¡había metido al zorro en el gallinero! Nigel era un soltero mujeriego a las puertas de la cincuentena. Le gustaban las mujeres hermosas de veintipocos, y organizaba fiestas en piscinas para invitarlas. Aunque fue difícil, traté de mantenerme distante pese a encontrarme rodeado de mujeres en bikini por doquier disfrutando del jardín de mis padres.

Una noche, estaba profundamente dormido y noté que alguien se metía en mi cama. Abrí los ojos y vi que era una de las chicas de Nigel, con las tetas al aire. Cuando se puso a quitarme el pijama y se me echó encima la detuve. Le dije que tenía novia.

Ella respondió que no importaba.

Yo le dije que a mí sí me importaba.

Se enfadó. «¿Acaso no te gusto?», preguntó ella.

Le dije que claro que me sentía atraído por ella, pero que esa no era la cuestión.

¿Cuál era entonces la cuestión?

Que no quería engañar a mi novia.

Esto era cierto, pero también ocurría que, sin tener que cortejar a una amante, yo no me excitaba sexualmente. Me agrada el ritual de la seducción. Me encanta la caza: la conversación, la estimulación mental, los prolegómenos, la luz de las velas, la música. No que simplemente me lo pongan fácil.

Ella era muy persistente pero me resistí a sus encantos. Le rogué, con toda la amabilidad de la que pude echar mano en aquel estado de morcilloide somnolencia, que se fuera.

Cuando mamá y papá regresaron de sus vacaciones, me preguntaron cómo había ido la semana. Como era de esperar, no iba a delatar a Nigel ni, menos aún, a destruir la imagen que mamá tenía de su buen amigo. Tan solo dije que todo había ido medianamente bien.

Lo mío con Penélope no duró mucho. Aunque una relación llegase a ser romántica, antes debía establecerse una amistad genuina.

Es lo que ocurrió con Cynthia, una amiga de Beverly High que vivía en Windsor Hills, un vecindario negro cerca de Cloverdale. Cuando yo formaba parte de la banda de desfiles, Cynthia era una de las animadoras. Se daba una fuerte solidaridad entre los críos negros en la escuela —nos sentábamos juntos en la cafetería— pero Cynthia, como yo, se relacionaba con todos los grupos sociales. Estuvo saliendo con un blanco, el *quarterback* del equipo de fútbol americano del instituto, lo que dejó pasmadas a las chicas blancas. Era un espíritu libre con una burbujeante personalidad. Todos la querían, en especial mamá. Gracias a que mamá entendía nuestra relación, Cynthia era la única de mis amigas a la que permitía quedarse a dormir en casa. Si ella y yo estábamos viendo episodios grabados de *Saturday Night Live* con Eddie Murphy pasada la medianoche y se quedaba dormida, mamá la invitaba a quedarse a dormir; siempre, claro está, que durmiese en el sofá, no en mi dormitorio. Cynthia, además, era una adelantada a su tiempo. En una época en que las chicas no solían pedirle cita a un chico, a ella no le importaba lo más mínimo hacerlo. Y también poseía una fuerte espiritualidad.

Cynthia pronto se convirtió en un elemento permanente en casa. Cada vez que me volvía, allí estaba ella. Incluso tenía a Sy Kravitz por un tipo enrollado. La relación de Cynthia con mi padre era mucho mejor que la mía con él. Aunque esto no aclare gran cosa al respecto; lo cierto es que todos se llevaban mejor con mi padre que yo. El mal rollo entre nosotros había estado en ebullición permanente desde el primer día. Y ahora la cosa corría riesgo de enconarse irremediablemente y la cólera estaba a punto a derramarse.

BEVERLY HILLS Y LA BOHEMIA

EL ESTALLIDO

El atronador choque con papá tuvo lugar en la primavera
de 1981. Ocurrió la noche en que Dan Donnelly y yo nos
disponíamos a ir en coche hasta Anaheim para ver al legendario Buddy Rich y su big band en Disneyland. Como
baterista, yo aspiraba emular el inmaculado redoble de
un solo toque de Buddy.

A modo de declaración, Dan y yo vestíamos traje y
corbata. En el preciso instante en que nos disponíamos
a salir de casa papá me detuvo.

—No vas a ninguna parte.

—¿Por qué?

—Ya saliste anoche.

—¿Y qué tendrá eso que ver con esta noche?

—Te lo he dicho una y cien veces. No puedes salir
con la habitación como la tienes.

—Te he dicho que la ordenaré más tarde.

Dijo que no le importaba, que me quedaba.

—Esta noche no, dije. Toca Buddy Rich. Ya sabes lo
bueno que es.

Papá lo sabía, pero en aquel momento no le importó.
Fue inflexible. No iba a salir de casa.

—Pero tenemos entradas.

—Que vaya Dan y regale la otra entrada.

—Es mi entrada. Yo voy.

—De ningún modo.

—Claro que voy.

Y a partir de ese momento la cosa fue subiendo de tono. Papá se encaró conmigo, pero por alguna razón no me asusté. Yo no cedía. Tampoco él. Y entonces algo se rompió. Levanté mis puños. Le dije que estaba harto de su mierda. Le dije que iba a patearle el culo. La verdad es que él hubiese podido tumbarme en un segundo. Yo no era contrincante para aquel hombre. Pero mi actitud le impresionó. Recordándolo, sé que no me tenía miedo; probablemente lo que más temía era el modo en que iba a destrozarme. Así que, en vez de llegar a las manos, se ciñó a lo estrictamente verbal. Dijo que si salía de casa en aquel momento, me iba para siempre.

«Vale. Me voy para siempre.»

Metí algunas de mis cosas en una mochila y abandoné la casa. Y se acabó. Nunca más volvería a poner los pies en el dulce hogar de los Kravitz.

En aquel momento no tenía plan B. De hecho, no tenía plan alguno. No sabía dónde ni de qué iba a vivir, pero eso no importaba. Pese al disgusto que iba a darle a mi madre, sabía que tenía que largarme de allí. No tenía miedo. Estaba resuelto a hacerlo.

Con todo, lo primero era lo primero. ¡Vámonos a Disneyland a ver a Buddy!

Aquella noche la batería echó chispas. Su banda ardía. La música era de tal intensidad que olvidé todos mis problemas. Sin embargo, una vez concluyó el espectáculo, mi mente regresó a lo que había tenido lugar aquella tarde. El enfrentamiento con papá me había movido el tapete, pero no me había hundido. Sabía que podría sobrevivir. Tenía amigos que iban a dejarme dormir en sus casas. Podía ir saltando de sofá en sofá y, mientras tanto, seguiría con mis planes musicales. GQ, nuestro equipo de fiestas discotequeras, iba cada vez mejor.

Mi única preocupación era mamá. Siempre había tratado de que papá y yo nos entendiésemos. Que yo me fuese de casa iba a romperle el corazón. Pero, al mismo tiempo, yo no podía quedarme solo por ella. Tenía que tomar las riendas de mi vida.

Aquella primera noche la pasé en casa de Dan. A la mañana siguiente, me trasladé a casa de Tracy. Mamá insistió en hablar con la madre de Tracy, quien le aseguró que yo era bienvenido. Luego mamá volvió a hablar conmigo. Me dijo que debía tranquilizarme. Estuve de acuerdo. Ella pensaba que mi mudanza era temporal. Yo sabía que era permanente, pero no tenía por qué decírselo a ella. No había necesidad de preocuparla todavía más. Me hizo prometer que no dejaría la escuela, promesa que cumplí. Ella tenía todas sus esperanzas puestas en que yo fuera a la universidad, pero yo sabía que podría darme con un canto en los dientes si conseguía graduarme en el instituto.

Me gustaba estar en casa de Tracy. Se convirtió en un hermano para mí. Teníamos el mismo sentido del humor y podíamos terminar las frases el uno del otro. Su madre, Dorsay Dujon, era guay, y su hermano, Mark, un tipazo muy divertido. En comparación con el campamento militar patriarcal, el hogar de los Oberstone era el paraíso. Dorsay estaba todo el día fuera de casa, así que podíamos ir a nuestra bola: escuchar discos, tocar música, saltarnos las clases. Mark tenía la mejor hierba, la mejor pipa de agua y un equipo estéreo de lo más fetén. En el minibar del dormitorio de Tracy nunca faltaba la cerveza y nos quedábamos despiertos por la noche hasta las tantas.

La cosa, no obstante, tenía su lado negativo. Pronto me enteré de que, para un negro, la vida en Beverly Hills, uno de los enclaves más ricos de América, podía ser traicionera. Lo comprendí cuando con Tracy y Mark nos detuvimos en una gasolinera. Tres coches patrulla salieron de ninguna parte y nos rodearon. Nos apuntaron con sus pistolas, nos ordenaron que bajásemos del coche y nos obligaron a tumbarnos en el suelo.

Entonces, cuando iban a ponerse duros, apareció Mrs. Freeman, mi profesora de Historia, aquella buena mujer que me permitía abandonar la clase para ir a ensayar. Se enfrentó a los polis, exigiendo saber qué estaba sucediendo. La policía explicó que se había utilizado un coche similar al nuestro en un robo, pero cuando Mrs. Freeman insistió en que comprobasen la información, vieron que habían cometido un error. Sin la intervención aquella noche de Mrs. Freeman, podíamos haber acabado en el calabozo... o siendo víctimas de algo mucho peor.

En vez de eso, regresamos al dúplex de Tracy y nos quitamos de encima el incidente regalándonos un homenaje con una lujosa cena casera. Braseamos unos bistecs en la barbacoa acompañados con buñuelos de patata. Yo cociné mi especialidad, gambas al ajillo. Para dignificar nuestra sofisticación gastronómica, juntamos dinero y compramos unas pocas botellas de Royal, una cerveza holandesa en botellas opacas de diseño especial. Animados por la cerveza, dejamos atrás el drama policial.

Mientras vivía con Tracy, él fue a una audición para una reposición teatral de *The Me Nobody Knows*. El director era George Wolfe, que posteriormente alcanzaría la fama con *Jelly's Last Jam* y *Angels in America*.

Acompañé a Tracy al teatro. Esperé fuera mientras él entraba a leer su parte. Una mujer con un portapapeles en mano me preguntó si estaba allí por la prueba. Le dije que no. Me explicó que trabajaba para una agencia de casting y se interesó por si yo podía actuar y cantar.

Bueno, sí.

Le gustó mi pinta y me animó a probar suerte.

Pensé que no tenía nada que perder y estaba en lo cierto: me dieron el papel, y a Tracy no. Me preocupaba que se lo tomara mal pero, siendo un profesional veterano como era, lo entendió.

The Me Nobody Knows se había estrenado originariamente en 1970 en Nueva York con un elenco formado por doce críos del centro de la ciudad (ocho negros y cuatro blancos), cada uno de los cuales cantaba una canción. Cada tonada definía el carácter de cada uno de los personajes. Era un interesante vehículo dramático y lo bastante buena como para hacerse con un Obie. En el reparto de nuestra reposición estaba Tisha Campbell. Tisha tenía unos ojos color avellana a los que no podías quitar la vista de encima. También tenía una voz de lo más hermosa y una personalidad muy dulce. Profesional desde niña, Tisha había sido una de las estrellas en la producción original de Broadway de dicha obra. Era una chica de Jersey, de East Orange, y su astucia callejera y arrogancia confluían en una actitud que me resultaba sumamente sexy. Supongo que también yo le gusté y flirteamos. Lo siguiente fue enrollarnos en el suelo durante una fiesta en casa de uno de los miembros del reparto en Hollywood.

George consiguió unas cuantas representaciones a escala menor para atraer inversores, pero los inversores no mordieron el anzuelo, y la reposición nunca llegó a estrenarse. La obra había terminado su recorrido y Tisha tenía que regresar a New Jersey. Estábamos enamorados, y le dije que iría a verla tan pronto como pudiese. Cumplí mi promesa.

Otro obstáculo para mi recién adquirida libertad: mi empresa de fiestas con Dan, GQ, llevaba tiempo precipitándose por una sima de desaceleración preocupante. No había bolos. Me vi, por ello, obligado a hacerme con cualquier otro curro que pudiera conseguir.

Louis Smallwood, el amigo de mamá que me había llevado a África, acababa de comprar una de esas pescaderías, llamada Leroy's, en la que eliges el pescado y te lo fríen al momento. Situada en Washington Boulevard con Rimpau, los clientes compraban allí sus pargos, rodaballos, bagres, lenguados de arena y platijas. Louis me empleó como dependiente. Empanaba los pedidos con harina de maíz y pimienta, los freía y los ponía en un cesto con guarnición de ensalada de patata, ensalada de macarrones y dos rebanadas de pan blanco. Sin, por supuesto, olvidar el kétchup y la salsa picante.

Era especialmente desagradable preparar el bagre. Tenía que abrir el pescado fresco y extraerle el sistema reproductivo, un aparato con sus cámaras y conductos y huevas cubiertas de sangre. Luego rascaba diligentemente el pescado hasta dejarlo limpio. Tom Bradley, el primer y único alcalde negro de Los Ángeles, nunca se privaba de su visita a Leroy's la noche del viernes para recoger su surtido de pescado frito antes de ser conducido por su guardia pretoriana a su mansión en Hancock Park.

Me encantaba Leroy's. Grandes personajes poblaban el lugar; buscavidas y viejos divertidos que parecían sacados de un número cómico de Richard Pryor, como Redbone, hermano criollo con cabello rizado a lo Jehri que no podía parar de hablar sobre su inigualable talento para devorar vulvas.

Al cortar, eviscerar y freír pescado, servidor apestaba a kilómetros. Estar de pie ante la freidora durante horas sin descanso, también era causa de notables erupciones cutáneas por las salpicaduras de aceite y grasa en mi cara. Después del trabajo, si papá no estaba en casa, subía a Cloverdale a visitar a mamá. Lo primero que hacía era obligarme a darme una ducha con limones, la única forma de desprenderme del olor a pescado.

Para entonces me había marchado de casa de Tracy y vivía en un automóvil Pinto que alquilaba por cuatro dólares y noventa y nueve centavos al día. Dormía en el asiento delantero reclinable, mucho mejor que dormir en el parque a la intemperie. También encontré un segundo empleo como lavaplatos en el East West Café, en Melrose

Avenue, delante de Fairfax High. Mamá venía a almorzar para asegurarse de que estaba bien y no había dejado la escuela. Seguía en la escuela, pero no iba a contarle que vivía en un coche. El curro en el East West tenía una ventaja: la ventana de la cocina daba a un callejón secundario donde mis amigos podían hacerme compañía mientras yo fregaba sartenes y ollas.

Los empleos menos sucios eran en realidad más duros para mí. Mi paso por GHQ (Gentlemen's Headquarters), en el centro comercial Beverly Center de West Hollywood, fue un fracaso. No se me daba nada bien oficiar de vendedor: no iba a forzar a los clientes a comprar ropa cara que no me interesaba lo más mínimo. Antes prefería el pescado frito, o lavar platos, que tener que decirle a alguien que un traje de seda le quedaba bien cuando, de hecho, no era así.

Así que dormía en un coche y vivía a salto de mata. Era una extraña combinación, diríase, entre chico de instituto y músico callejero. Tuve la inmensa fortuna de que una familia asombrosa de artistas, los Steinberg, me acogieran durante un tiempo. Aquello me iba a servir, además, para abrirme a otros mundos.

Hice amistad con Eliza Steinberg en mi segundo año en Beverly, durante el período de orientación escolar. Ella era un año más joven y yo tocaba en la banda de la escuela para llamar la atención de los recién llegados y echarles el lazo para que cursaran el programa de disciplinas artísticas. Brotó entre nosotros una atracción de lo más espontánea y me atrevería a añadir que se formó un vínculo instantáneo entre ambos. Las chicas que me atraían me producían, con frecuencia, dos tipos de sentimientos: o las veía como novias o pasaban a ser como hermanas. No les resultará del todo extraño saber que las relaciones más fraternales eran las que duraban más tiempo. Y no es que no hubiese amor entre Eliza y yo —un profundo amor— sino que era la clase de amor duradero que sientes por la familia.

La familia de Eliza me acogió como a un pariente más. Su casa en Angelo Drive, en Benedict Canyon, era una obra de arte minimalista, empezando por la moqueta gris que cubría todas las estancias. La madre de Eliza, Lenny, era una gran interiorista y diseñadora que creaba sus propios muebles. Su esposo, Bob, era un reputado abogado californiano. Las tres hermanas Steinberg eran bailarinas, coreógrafas y cineastas: Morleigh destacó entre los creadores de la familia con una prolífica producción artística (y contrajo matrimonio con The Edge, el guitarrista de U2). Por su parte, Roxanne se entregó a la confección de las coreografías que produjo junto con su esposo japonés, Oguri, maestro de la escuela Butoh de danza. Eliza, en cambio, encontró su lugar en la danza. Recuerdo cómo en la escuela siempre estaba confraternizando con —y dispuesta a aprender los más novedosos pasos de— las compañeras negras de la escuela. Ella y yo íbamos juntos a fiestas en Baldwin Hills e Inglewood, y bailábamos toda la noche.

Lenny Steinberg fue quien me descubrió Maxfield, una boutique de West Hollywood donde vi por vez primera la obra de Issey Miyake y Yohji Yamamoto, y comprendí que la ropa (como la pintura o el baile o la música) no tiene límites creativos. Yo era ya, por aquel entonces, un perchero andante, y ahora veía, y por fin comprendía, la relación entre la alta costura y las bellas artes.

Los Steinberg serían mi refugio. O, como decía el padre de Eliza, su hija me había traído a casa y yo nunca me fui. Cuando mi prima Jennifer se casó en Nassau, llevé a Eliza como pareja. Para entonces ya era como mi hermana.

Fueron los Steinberg los que ayudaron a sanar el rifirrafe de Cloverdale al hacerse amigos de mamá y papá. Conocedores de la fricción entre mi padre y yo, Lenny y Bob invitaron a mis padres y a mis abuelos a su casa. Fue un gesto especialmente cortés. Mamá y Lenny Steinberg congeniaron estupendamente, y lo mismo el abuelo Albert y Bob Steinberg. Ambos coincidían en su pasión por el béisbol y la filosofía. Más tarde, mamá devolvería el gesto invitando a los Steinberg a Cloverdale. Aquella velada también fue muy bien. Estas ocasiones sociales permitían a mis padres comprobar que, aunque estuviese viviendo fuera de casa, estaba con gente estupenda que cuidaba muy bien de mí.

Eliza Steinberg y Tracy Oberstone estaban ambas en la famosa clase de baile de Miss Janet Roston en Beverly Hills High, cuyo nivel artístico era increíblemente exigente. Un tercer miembro de dicha clase, Jane Greenberg sería mi novia y gran amiga de por vida. Como Eliza, Jane poseía un gran espíritu artístico, un carácter dulce, y apreciaba lo que yo intentaba hacer musicalmente. La primera vez que la vi en sus ajustados tejanos Fred Segal y un suéter de cachemira, quedé irremisiblemente prendado de ella. Cuando nos pusimos a conversar, hubo una química brutal entre ambos. Al parecer, se dio la feliz coincidencia de que ambos parecíamos andar buscando esa suerte de compañía. Jane no era de las que buscan llamar la atención; era una exploradora espiritual, alguien con quien podías charlar toda la noche. El obstáculo al que nos enfrentábamos no era lo que sentíamos el uno por el otro, sino los padres de Jane.

Los padres de Jane eran judíos liberales. Su padre era un abogado que había colaborado en la puesta en marcha de la Ópera de Los Ángeles. Su madre era miembro del consejo del Museum of Contemporary Art. Su casa en Beverly Hills estaba repleta de cuadros de Roy Lichtenstein y Franz Kline. Los abuelos de Jane poseían una colección de arte aún más espectacular, con obras de Picasso y Pollock. Sin embargo, pese a su apasionada dedicación a las artes, no parecía que los padres de Jane vieran con buenos ojos que su hija saliese con un chico negro.

A veces, al salir de currar en Leroy's, aparcaba el Pinto calle abajo, cerca del hogar de los Greenberg, y dormía en el asiento trasero, temiendo que los polis me viesen y golpeasen en la ventanilla. Esperaba hasta la mañana siguiente a que los padres de Jane saliesen de casa para ir a trabajar. Entonces Jane me dejaba entrar para que me duchase. La gobernanta de los Greenberg, Frances, se comportaba como una madraza conmigo y se aseguraba de que saliera de allí siempre bien alimentado.

Jane y yo acudíamos a la biblioteca pública de Beverly Hills, donde devorábamos libros sobre arte y escultura. Así fue como ella se metió en problemas. Un día, volvíamos de la biblioteca cogidos de la mano, alguien nos vio y se chivó a los padres de Jane. Justo lo que necesitábamos, más fuegos artificiales. Esto nos obligó a echar manos de otras estrategias, pero no nos detuvo en nuestro empeño. Yo seguía haciéndole llegar notas amorosas. Seguíamos encontrándonos a escondidas en Bagel Nosh, donde fantaseábamos sobre nuestro futuro: ella me veía viviendo en Nueva York como músico de jazz. Yo me la imaginaba a mi lado, escribiendo poesía y la gran novela americana en una vieja máquina de escribir Underwood.

Nuestras aventuras amorosas siguieron adelante. Durante el verano, iba en coche a visitar a Jane a la Idyllwild Arts Academy, en las montañas de San Jacinto. Dirigía la facultad Bella Lewitzky, la innovadora musa de la danza moderna. Las hermanas Steinberg también estudiaban allí, junto a otra amiga, Julie, hija de los actores Martin Landau y Barbara Bain.

Jane y yo pasábamos la noche juntos en su dormitorio. Estábamos en la gloria.

Y, al poco, de nuevo escala en el infierno tribal: en otro viaje, no me explico aún cómo conseguí que papá me prestase su coche y, para mayor gloria, lo estrellé contra un árbol. Siniestro total. Iba sobrio, pero despistado, conduciendo a velocidad excesiva, en plena noche, por una carretera con muchas curvas. Pensé que papá nunca se repondría de aquello, pero en esta ocasión fue sorprendentemente comprensivo. Pagó por el remolque y no me abroncó por haberle destrozado el coche. Se sentía agradecido de verme con vida.

Jane me entendía y me ayudó a desarrollar mis gustos en materia de moda. Mucho antes que Jean Paul Gaultier, me hizo una falda a medida con lana. Decidí ponérmela una noche que fuimos a bailar con Phineas Newborn y Joey Collins. Antes de que comenzase la velada, nos encontramos todos en Cloverdale. Papá seguía en la oficina, así que la costa estaba despejada.

Cuando aparecí vistiendo una camiseta negra con detalles florales impresos en negro, una chaqueta de smoking negra y... la falda negra de lana, Phineas y Joey silbaron con aprobación. Jane estaba encantada con la beneplácito de mis compinches. Mamá se quedó de piedra. Conviene recordar que mamá tenía en gran estima a Phineas, Joey y Jane pero, aun así, tenía en frente a su hijo ataviado con una falda. Al extinguirse los aplausos de mis amigos, mi madre seguía observándome con seriedad. Al poco, se decidió, por fin, a verbalizar lo que parecía inquietarle:

«Si vas a llevar esa falda, debes cambiarte los zapatos. Esos zapatos no van a juego.»

Vale. Muchos de los chicos con los que yo salía eran gais. Y aunque nunca lo preguntó, seguro que mamá se había planteado cuál era mi tendencia. La mayoría de nuestras madres no dejarían que su hijo saliese de casa con falda, pero Roxie Roker no pertenecía a esa casta. Tras someterme a su escrutinio, tan solo le preocupaba que el conjunto funcionase. Fue algo así como: «Chavalín, a ver si nos esmeramos».

Fetén, ¿no?

WAVE

Jane se fue a estudiar a un internado en Suiza, pero nuestra relación no se echó a perder. Al enterarse de que estaba en la ruina y no podía pagarme un amplificador para otra de las muchas bandas que montaba, me compró uno. Y aunque ella ya no vivía allí, me pasaba por casa de los Greenberg tan solo para darle un abrazo a la gobernanta.

Durante aquellos primeros años después de largarme de casa, encontré cobijo en las casas de amigos como Dalee Henderson, el querido peluquero de mamá, que trabajaba en Tovar, un salón de belleza en Beverly Hills. Dalee era un negro elegante, un caballero del sur, regio en porte y siempre atento. Tenía un ojo infalible para todo, de la ropa a los muebles. Yo le veía como creador de tendencias, intrépido y feroz en su estilo.

Eran los tiempos de las sustancias recreativas de alto voltaje, peinados extremos y tintes extravagantes. Dalee era un maestro de la alquimia, sus peinados eran puro arte. Me llevaba a los clubs que estaban más de moda en West Hollywood: Studio One; Rage; Peanuts, un bar de lesbianas; y Jewel's Catch One, en Pico, uno de los primeros locales de baile para gais negros en la ciudad. Dalee apoyaba mi estilo de vida nómada, dejándome dormir en su casa cuando no tenía adonde ir y alimentándome cuando no tenía qué comer, y también mantenía mi corte de pelo a la última. Al ir evolucionando mi imagen, me regañaba por haber escogido la camisa equivocada y me felicitaba por llevar las botas adecuadas. Dalee conocía tan bien a mamá que, cuando yo llevaba uno de sus collares, lo reconocía de inmediato. Era un afectuoso hermano mayor y un referente estético.

La mitad de los amigos de mamá eran gais. La única diferencia entre ellos y yo es que a mí no me atraían sexualmente los hombres. Por lo demás, tenía más que ver con ellos que con la mayoría de los hombres heteros. Moda, música, fotografía, diseño, lo que fuese; los gais me ayudaron a dar con mi propio estilo. Eran los pioneros, quienes creaban la cultura de vanguardia en Los Ángeles.

Mientras tanto, en Beverly Hills High, solo me importaba una cosa: los estudios musicales. Nunca dejé de practicar, pero llegó un momento en el que, sin importar lo bien que me fuese en la música extramuros, me estaba jugando la plaza. A pesar de ello, no me importaba. Concentraba todas mis energías en el proyecto para formar un grupo de algún tipo a fin de conseguir un contrato. Para colmo, y por si las cosas ni fuesen ya lo suficientemente complicadas, seguía buscando mi propia voz; proceso que me llevaría aún unos años, pero eso no frenaba mi empeño por grabar. En mi fuero interno, sabía lo que debía hacer. Tenía que hacer música.

Le había prometido a mi madre que no dejaría la escuela. Sin embargo, pese a esa promesa, estaba a punto de hacerlo; hasta que mamá, como siempre, vino a rescatarme. Había oído hablar de NewBridge, una escuela privada especializada en chicos con problemas. La mayoría de sus alumnos eran los hijos de los famosos que habían fracasado en otras escuelas y requerían un tipo de atención extraordinaria.

El ambiente en NewBridge era jipioso. Llamábamos a los profesores por sus nombres de pila. No había ningún tipo de disciplina. De hecho, un gran cartel colgando de una pared en el pasillo rezaba: «Cuestiona a la Autoridad». Algunos estudiantes y profesores incluso fumaban hierba juntos. Recuerdo hasta el caso concreto de un profesor que salía con una alumna.

Me gustaba esa actitud laxa, pero seguía sin hincar los codos. Estaba tan obsesionado mentalmente por la música que me escapaba a Beverly Hills High y, gracias a la bondad de Mr. Farmer, seguía tocando en la banda de jazz.

El jazz era lo que impedía que la relación con mi padre se rompiese del todo. Incluso después de haber abandonado el hogar familiar, la peregrinación al Playboy Jazz Festival se convirtió en el ritual familiar de cada año para el que no había excusa. La primera vez que fuimos, después de mi nunca suficientemente bien ponderado éxodo del hogar familiar, nos sentamos los tres juntos y disfrutamos de las actuaciones estelares de Freddie Hubbard, Chick Corea y Al Jarreau. Al unísono, marcamos con los pies el ritmo de la Toshiko Akiyoshi - Lew Tabackin Big Band. Mamá y papá se cogieron de las manos durante el pase de Nancy Wilson. Al ser mi madre amiga de Sarah Vaughan, me llevó entre bastidores antes del concierto. En su camerino, Sarah vestía únicamente un «muumuu» hawaiano. Descalza, bebía, fumaba y picoteaba patatas fritas. «Criatura, ven y dame un abrazo.» Sarah era la sal de la tierra. Ella y mamá estuvieron charlando, mientras yo observaba maravillado.

Quince minutos después, estaba sentado en nuestro palco, entre mamá y papá. Se apagan las luces. El foco sigue a Sarah mientras ella entra en escena vistiendo un centelleante traje largo de plateados destellos, con un asombroso dominio de las tablas. Su voz, ese tono rico, su amplitud de registro, su capacidad para doblar las notas con sorprendente belleza, me dejó pasmado. Cinco minutos antes había sido la tía Sarah. Ahora era una majestuosa reina del canto.

¿Cómo pasa uno de enamorarse locamente de la voz de Sarah Vaughan a organizar una banda new wave? No lo pensé dos veces. La música me inspira, pura y llanamente. La inspiración llegaba desde todos los géneros. Del mismo modo que saltaba de sofá en sofá, saltaba de género en género, cabalgando sobre las olas de la nueva música.

Una banda llamada Wave iba ser mi mayor operación musical hasta ese momento. Era como si la Gap Band se encontrase con los Jackson y Rick James y Shalamar y The Time; con sólidos cimientos de rock duro añadidos para equilibrar el resultado. Cuatro vientos, dos teclistas, un bajista, Dan a la batería, dos guitarristas, y un trío de coristas a las que llamé Wet.

Tracy era el líder. Su aura de estrella del rock le hacía el candidato perfecto.

El segundo cantante era Kevin Conner, mi chico de Bed-Stuy. Kevin y yo habíamos estado muy unidos desde niños. Durante mi estancia en California, él había hecho sus pinitos como boxeador amateur en Brooklyn, pero le convencí para que se dedicase a cantar. Kevin era todo un aficionado a la música. Conocía cada uno de los riffs de Marvin Gaye, y yo sabía que encajaría perfectamente. Junté el dinero como pude, le mandé un billete de avión, y, con otra de mis absurdas maquinaciones, le metí a escondidas en Cloverdale. Es posible que yo ya no viviese allí, pero durante meses Kevin acampó con un saco de dormir en el umbral exterior de la puerta de mi lavabo. Cuando mamá y papá se iban a trabajar, le llevaba bocadillos de Leroy's, donde yo seguía friendo pescado.

Todo fue rodado hasta que papá escuchó un ruido, agarró su escopeta y por poco le pega un tiro a Kevin antes de darse cuenta de que el «intruso» era Kevin de Bed-Stuy. Mamá le hubiese dejado quedarse, pero no papá. Así que tuve que buscarle a Kevin otro lugar donde instalarse. También conseguí que Dalee le cortase el pelo y le vistiese con un polo rosa, tejanos de diseño y zapatillas K-SWISS. Las chicas de Beverly Hills se pirraban por él y Kevin se hizo con una novia que vivía en una mansión más grande que la de Berry Gordy.

Yo era el tercer cantante de Wave. No buscaba ser una estrella —esa nunca fue mi meta— sino, mejor, el tipo que hace que todo funcione, un joven Maurice White. Wave nunca fue una banda de versiones. Componíamos nuestras canciones. Con Earth, Wind & Fire en mente, conseguí también máquinas de humo, efectos de sonido y un elaborado espectáculo de luces. Y Tracy, Kevin y yo nos hicimos nuestro propio vestuario. Fuimos a una tienda de telas en West Hollywood y compramos tejidos baratos de colores vibrantes y cuero falso para hacer pantalones. Luego fuimos a Flip a por camisas anticuadas, que ornamentamos a base de pedrería. Completamos nuestras pintas con copetes como los de Prince, los rizos al estilo Jheri de Michael Jackson, y maquillaje de ojos de tonos ahumados.

Ensayábamos en casa de Martin Landau y Barbara Bain. No parecía importarles que el sótano fuese invadido por críos tocando música funky a todo volumen. En cuestión de meses, habíamos juntado a una banda de quince miembros con poco dinero.

La idea era presentar a Wave en un espectáculo bien promocionado, y, antes de aparecer en escena como estrellas de rock, llegaríamos al local en limusina. Claro que las limusinas cuestan dinero. Como yo era el único que componía canciones y organizaba esta importante producción, pero había también asumido el papel de supervendedor, convencí a mi compañero de clase en New-Bridge, Michael O'Connor, que era de familia adinerada, para que financiase parte del espectáculo. También hablé con el Music Department en Beverly Hills High y logré que nos dejasen usar el auditorio de la escuela. Estaba totalmente volcado, en cuerpo y alma, en la celebración del concierto. Este bolo tenía que hacerse de la mejor de las maneras, y tenía que ser espectacular.

Para dar a conocer el evento, hicimos una entrevista con el periódico local e imprimimos entradas con el nombre de la banda en relieve:

Fantasy Productions presenta con orgullo a

WAVE

En concierto:
viernes, 3 de diciembre de 1982, a las 20:00 h
Beverly Hills High, K. L. Peters Auditorium
421 South Moreno Drive, Beverly Hills, California
ENTRADA GRATUITA

Llegó la gran noche. Por supuesto, mamá no faltó a la cita, pero me agradó que también papá viniese. Después de todo aquel trabajo quería que papá viese lo que estaba a punto de hacer. Y vaya si lo sacamos adelante. Los críos enloquecieron. Nadie esperaba algo tan extravagante: el equipo de sonido profesional, las luces, el vestuario, la banda de once componentes.

La reacción a nuestras composiciones musicales fue inmediata. Durante una de esas baladas de alcoba que invitan a procrear, me tiré de rodillas al suelo. Las chicas de la primera fila se acercaron a tocarme las manos, y yo se las ofrecí. Aullaron. Directamente sacado del manual de instrucciones de Teddy Pendergrass.

Al terminar la última canción, miramos hacia la sala y, a través de las borrosas luces, vimos a toda la audiencia de pie, aplaudiendo. Lo habíamos conseguido.

Tras el concierto, el backstage era una locura. Gente a quien nunca le había interesado hablarme intentaba acercarse a mí. Era como las escenas entre bastidores que yo había contemplado de niño. Mamá y papá me localizaron entre todo aquel caos.

Mamá estaba maravillada.

Papá, no. Sus palabras me dejaron tieso: «Ahí arriba solo hay una persona con talento, tú». En una sola e insólita frase había conseguido aunar un insulto con un cumplido. No supe qué decir.

Más tarde, la banda y nuestro séquito nos subimos a las limusinas que habíamos alquilado y nos dirigimos a la fiesta organizada para después del concierto. Y ahí fue donde la cagué.

Había estado saliendo con Terri, una chica japonesa americana impresionante que formaba parte de nuestro grupo de coristas, las Wet. Terri vivía en una antigua casa estilo Craftsman en Santa Mónica. Ella y yo estábamos muy unidos. Yo a ella le importaba, pero el menda no había roto todavía con Penélope, mi primer amor. Terri creía firmemente en mi talento. No así Penélope; incluso había llegado a escribirme una carta donde me decía que jamás iba a triunfar como músico. Esta era la principal razón por la que la quise invitar al concierto de Wave. Quería demostrarle que estaba muy equivocada.

Así que, sintiéndome revindicado, me presenté en la fiesta con Penélope. Terri se quedó desconsolada y con toda la razón. Me porté como un perfecto gilipollas.

Y no sería la última vez. Una chica que conocía de Beverly no tenía acompañante para la fiesta de graduación y me pidió que fuese con ella. La verdad es que no quería ir pero esa faceta mía de agradar a la gente, heredada de Roxie Roker, es la que me llevó a aceptar. Entonces, el día antes de la gran noche, la llamé y le dije que no podía ir. Me eché atrás porque ella no me atraía; y también me preocupaba lo que los demás pensasen de mí. Me sentí mal, pero yo era muy inmaduro por aquel entonces. Mis inseguridades se impusieron al compromiso adquirido con ella. Mi madre no me había educado de ese modo. No me sentí orgulloso de ello. Otra gilipollez inmunda.

Mis relaciones con Penélope y Terri parecían aproximarse a su ocaso. Sin embargo, las cosas cambiaron radicalmente después del concierto de Wave. Eran las chicas las que venían a buscarme. Se acabó el antiguo rollete fraternal que nos traíamos. Cuando mis padres salían de noche, colaba a las chicas en Cloverdale y montaba mis fiestas. Aquella casa era el decorado perfecto para una cita por su sensual interiorismo, y con los Isley Brothers en el giradiscos, el resplandor de la piscina y las luces de Los Ángeles brillando como diamantes en la distancia, poco más se podía pedir.

Me gradué en NewBridge por los pelos. Pero cumplí la promesa que le hice a mamá: conseguí acabar mis estudios en el instituto. Tenía a mi disposición unos ahorros para ir a la universidad pero, obviamente, no iba a matricularme. Mi fijación era conseguir un contrato discográfico. Aunque mi padre hubiese puesto más esperanzas en mí que en el grupo, no me veía a mí mismo deshaciéndome de Wave. Había invertido demasiado en aquel grupo. Al mismo tiempo, mantener a la banda costaba una fortuna. Wave no era práctico. Quizás papá cambia de idea y nos apoya, pensé. Le invité a casa de Tracy para hablarlo.

Cuando llegó papá, Tracy, Kevin y yo habíamos preparado un plan para mantener la banda a flote. Para grabar unas maquetas necesitábamos el dinero con el que costear el estudio. A papá no le interesó lo más mínimo y no se anduvo con remilgos. Con Tracy y Kevin allí sentados, nos dijo que no iba a poner un centavo en Wave. Sin embargo, sí me permitía usar los ahorros de la universidad para grabar maquetas donde yo y solo yo apareciese.

Kevin no estaba realmente interesado en el grupo. Lo que más le ponía era el sexo, pero Tracy se sintió muy ofendido. Al igual que yo, estaba muy comprometido con Wave pero a papá los sentimientos de Tracy le traían sin cuidado. Así era mi querido progenitor, todo un hombre de negocios. Reiteró su idea inicial; conmigo se animaría a probar suerte, pero con la banda no.

Tuve sentimientos encontrados. Por vez primera en mi vida, papá me expresaba su apoyo, pero a expensas de mis amigos, que eran mis hermanos.

Pensé en desafiar a papá y decirle: «No, será Wave o nada», pero sabía perfectamente bien que aquel enfoque no conducía a nada. La única manera de poder acceder a mis ahorros para la universidad era trabajar en mi propio material. Al final, no resultó ser tan mala opción, aunque significase el fin de Wave.

Resulta irónico que papá, que siempre andaba a la greña conmigo por tantos motivos, fuese el primero en animarme a convertirme en un artista en solitario. Y aquello me ayudó a pensar en tomar nuevas direcciones.

Tenía muy presente todo el trabajo realizado por David Bowie. Aparte de su genio musical, era otro icono de la moda cuya estética me llamaba poderosamente la atención. Me intrigaban sus ojos, uno marrón, el otro azul. Bowie fue la razón de que decidiese hacerme con unas lentes de contacto de colores. Pensé que unos ojos azul celeste serían una virguería. No podía imaginar que aquella decisión, totalmente estética, fuera a tener enormes implicaciones espirituales.

VISIÓN ESPIRITUAL

La búsqueda de lentes de contacto azules me condujo hasta un oftalmólogo en Glendale que había trabajado para los estudios Universal. De hecho, él había creado las lentes de contacto especiales usadas por el protagonista en *The Incredible Hulk*. Se llamaba Dr. Joseph Scimonetti. El trayecto hasta su oficina al norte del San Fernando Valley era largo, pero el viaje valía la pena. El Dr. Scimonetti, según comprobé, pintaba él mismo a mano las lentes de contacto y, además, podría elegir entre distintos tonos de azul.

Eran los tiempos anteriores a las lentes de contacto blandas. En aquella época, las lentes eran gruesas; tenía uno la sensación de llevar chapas adheridas a los ojos. Pero el Dr. Scimonetti era un tipo tranquilo; era amable y paciente, y resultó ser de gran ayuda.

Durante las visitas a su consulta, no recuerdo ni cómo ni por qué, empezamos a disertar sobre lo divino y lo profano en algunas de nuestras conversaciones. Ignoro qué le haría pensar que era creyente, pero el Dr. Scimonetti tuvo la sensación de que así era. Cuando le dije que, en efecto, lo era, me habló un grupo de estudio de la Biblia que había formado. ¿Estaba interesado? Lo estuve.

Me uní al grupo y pronto pasé a formar parte del círculo de confianza de la familia Scimonetti. Eran de la gente más cálida y hospitalaria que me ha sido dado co-

nocer. Las sesiones de exégesis bíblica tenían lugar todos los miércoles en la oficina del doctor. Cuando podía
pagar el alquiler del Pinto, acudía en coche. Si tenía que
desplazarme en transporte público, tomaba el autobús
hasta el valle en un trayecto que duraba dos horas. Siempre me las apañaba de algún modo para acudir a la cita, lo
cual da fe de cuán interesado estaba las enseñanzas del
Dr. Scimonetti. También me gustaba que el grupo fuese
tan diverso; desde andrajosos jóvenes en la onda a car-
camales de lo más conservadores. El oftalmólogo disec-
cionaba la Biblia con facilidad y sin temor a contravenir
determinados preceptos. Su principal interés era el tratamiento del amor en las Sagradas Escrituras.

No escasean los predicadores que sermonean al pró-
jimo tan solo para delectarse escuchándose a sí mismos,
oradores enamorados del sonido de su propia voz, pas-
torcillos que no pueden resistir la tentación de alardear
de sus conocimientos, prestes a los que les divierte en-
zarzarse en discusiones bizantinas con otros exégetas. El
Dr. Scimonetti no encajaba en ninguno de ellos. Era un
predicador en la verdadera acepción del término: predicaba el Evangelio con pasión pero sin un ápice de arrogancia. Es más, nunca pedía nada a cambio. Conseguía
que Jesús cobrase vida; lo que, en mi humilde opinión,
es la más elevada forma de predicar.

Había ido a ver al Dr. Scimonetti por vanidad; quería
esos ojos azules que imaginaba para el nuevo personaje
que estaba creando mentalmente. Una vez me acostumbré a ellos, me gustaban como imagen pero, irónicamente, esa imagen me condujo a la renovación de mi vida
espiritual.

El Dr. Scimonetti se convirtió en otra figura paterna.
Hablaba tanto sobre él que, por curiosidad, mamá me pidió que le invitase a cenar a Cloverdale. Él y mamá congeniaron enseguida. Él se contuvo y mantuvo a raya sus
impulsos proselitistas, y ella se abstuvo cortésmente de

pegarle la hebra con sus creencias en la Science of the Mind.

Mi padre, por otro lado, quiso desafiar al Dr. Scimonetti. La Biblia estaba llena de historias sin sentido, decía papá. Moisés no partió en dos el Mar Rojo. Jesús no caminó sobre las aguas.

El Dr. Scimonetti no protestó, ni perdió en ningún momento la compostura. Simplemente le dijo a papá que todos teníamos nuestras interpretaciones. No había nada malo en la duda, al fin y al cabo, sin duda, no puede haber fe verdadera.

ROMEO Y MITZI

¿CUÁNTO IMPORTA UN NOMBRE?

Mientras se reforzaba mi fe en Dios, mi imagen artística evolucionaba. Si iba a trabajar en solitario, quería reinventarme hasta el punto de buscar un nuevo nombre. Lennie Kravitz no funcionaba en mi opinión. Lennie Kravitz sonaba más a contable enfundado en sus manguitos y con visera que a músico de rock. En una película de éxito, *The Apprenticeship of Duddy Kravitz*, recuerdo que Richard Dreyfuss interpretaba el papel de un friki. Puede que yo fuese muchas cosas, pero desde luego no me tenía por un apologeta incondicional del frikismo. Necesitaba dar con algo menos autorreferencial.

Como las chicas de pronto se interesaban por mí, mis amigos empezaron a llamarme Romeo. Pensé en mezclar «Romeo» con el apellido de un guitarrista al que admiraba, Adrian Belew, que había tocado con Frank Zappa y con Bowie. Convertí «Belew» en «Blue» y me salió «Romeo Blue».

Me parecía que ese sobrenombre artístico, unido a la imagen que gastaba a la sazón, encajaban con la estética glam de principios de los ochenta: Bowie, Prince, Madonna, Romeo.

Es más, ahora que había definitivamente abandonado el hogar familiar para no regresar, sentía la necesidad de cambiar de piel y de nombre. Era parte de mi neurótica obsesión por descubrir quién era yo: en Manhattan había sido Lennie; Eddie en Bed-Stuy; y de nuevo Lennie en Santa Mónica, Baldwin Vista y Beverly Hills. Y ahora, dispuesto a forjarme un nuevo camino, me casqué Romeo Blue. Y lo único que deseaba Romeo Blue en esta vida era seguir produciendo maquetas que le consiguieran el ansiado contrato con una disquera.

Acabé en el edificio de A&M,* en la confluencia de La Brea con Sunset, mítico lugar impregnado de psicofonías de la era dorada del cine en la meca del celuloide, Hollywood. Allí había antaño montado su estudio Charles Chaplin. Era un lugar que poseía una energía especial, y la sede de aquella discográfica acabaría con el tiempo convirtiéndose en mi segundo hogar. Me apalancaba todas las noches en los sofás de la recepción y me quedaba a dormir allí, despertando poco antes de que llegasen los conserjes. Me hice querer por todos, en especial por las secretarias y los ingenieros de sonido. Tenía la sensación de estar viviendo en la fábrica de chocolate de Willy Wonka. Aquello era Oz. Allí conocí a Quincy Jones, a Bruce Swedien y a Sérgio Mendes; a The Police y The Go-Go's. Conocí a prácticamente todos los artistas del catálogo A&M.

Trabajaba en el Studio C, al lado del área de recepción, el espacio más pequeño y económico disponible. Aquella pequeña habitación se convirtió en mi laboratorio. Seguía experimentando con un sonido que no había cuajado todavía. Andábamos enfrascados en tan ardua tarea solo Dan Donnelly y un servidor. Él a la batería; yo a la guitarra, bajo y teclados. Prince seguía predominan-

---

* A&M (Alpert & Boss), discográfica estadounidense creada en 1962 por quienes dieron nombre a la misma. Tuvo entre sus huestes en aquella década prodigiosa a Burt Bacharach, Sérgio Mendes, Carpenters, Joan Baez y, ya en los 70, pasó del pop melifluo y grandilocuente de bandas como Supertramp directamente al meollo de la new wave y el punk (The Police, Sex Pistols, Suzanne Vega) y buscar cobijo, de nuevo, en regresiones de tinte roquero de corte más clásico, de la mano de Bryan Adams o Joe Jackson.

do en mi mente, pero enseguida empecé a trabajar en mi propio material. Aunque seguía en una suerte de vena con cierto resabio a new wave, conseguí atraer la atención de tres mujeres en A&M que siempre habían tenido la gentileza de ir pregonando mi talento por las oficinas de la discográfica: Paulette Rapp, asistente ejecutiva de Jerry Moss (la *M* de A&M), Iris Dillon, y Karen Clay, del departamento de control de calidad.

Cuando no estaba grabando mi propio material, tocaba en sesiones con otros artistas. David Lasley, con su larga melena rubia, parecía el típico surfero californiano pero cantaba como una diva negra de góspel. Me oyó tocar la guitarra en una sesión para una maqueta de Siedah Garrett, que escribiría 'Man in the Mirror' y cantaría 'I Just Can't Stop Loving You' con Michael Jackson. A la sazón, tendría yo diecinueve años y David treinta y seis. Él había cantado con Chic en 'Good Times' y con Sister Sledge en 'We Are Family'. Había trabajado con Aretha; cantado con Luther Vandross, su mejor amigo; y acompañado a James Taylor muchos años en un montón de giras. También había escrito 'You Bring Me Joy' para Anita Baker, acaso una de las baladas más dulces de rhythm 'n' blues jamás grabadas.

David se enteró de que yo vivía a salto de mata. No quiso que siguiera en la calle y me ofreció generosamente su sofá. Además de las numerosas colaboraciones arriba consignadas, David había compuesto canciones para todo el mundo, de Patti LaBelle a Bonnie Raitt y había hecho de la composición su oficio, y su ejemplo me animó a hacer exactamente lo mismo.

David pensaba que mis canciones eran lo suficientemente buenas como para asegurarme un contrato editorial. Me llevó a Almo/Irving Music, el brazo editorial de A&M, donde conseguí contrato como autor. Mi primer (y único) cheque fue un adelanto de cinco mil dólares. ¡Cinco mil!

Al ser tan conservador como de costumbre, salí corriendo hacia Maxfield, el establecimiento que me había descubierto Lenny Steinberg, y me gasté toda la pasta en un maxiabrigo de Yohji Yamamoto y un traje Nehru psicodélico de Jean Paul Gaultier. No solo ansiaba aquellas prendas, me interesaba construir mi imagen de Romeo Blue. Resultó ser una compra de lo más oportuna, pues para cuando Herb Alpert (la A de A&M) contrató mis servicios para tocar el bajo con el sintetizador durante su aparición televisiva en *Soul Train*, mi imagen ya estaba del todo completa.

En Almo/Irving me dieron mi propia oficina. Era pequeña, pero solo para mí. Disponía de una mesa con teléfono, una silla, un piano de pared y un equipo estéreo. Eso era todo. Se me pagaba para componer canciones. Era un profesional. Tenía acceso al edificio las veinticuatro horas. Dejaba los nombres de mis amigos en la entrada para que pudiesen acompañarme por las noches. Fumábamos hierba y escuchábamos música hasta el amanecer. Aquello era un sueño.

Mientras tanto, David Lasley seguía muy amablemente oficiando de mentor. Sus consejos sobre composición no tenían precio, de la misma manera que sus observaciones sobre el negocio del espectáculo. Mientras vivía con él, recibía regularmente llamadas nocturnas de Luther Vandross desde su habitación del hotel tras un concierto. El teléfono tenía el altavoz activado por lo que escuchaba las quejosas letanías Luther hablando de lo solo que se sentía. No importaba que las mujeres alrededor del mundo se volviesen locas por él. Le dijo a David: «Criatura, las señoras gritaban "¡Luther! ¡Luther!", y todo lo que ansiaba era responderles gritando, "¿Dónde está vuestro hermano? ¿Vuestro hermano?"». Es muy triste que en aquella época Luther no pudiese ser él mismo. Escuchándole, notaba que la magnificencia de su voz cantante provenía de lo más hondo de su alma.

El 1 de abril de 1984, David y yo íbamos conduciendo por Hollywood Boulevard en su camioneta. En la radio sonaba a todo volumen el 'Billie Jean' de Michael pero, antes de que terminase la canción, el locutor interrumpió la emisión para comunicar la noticia de una pérdida irreparable: «Han disparado al cantante de soul Marvin Gaye, que ha fallecido en casa de sus padres, en Mid-City, Los Ángeles. Fuentes bien informadas afirman que su padre, un predicador, ha sido detenido como principal sospechoso».

Estaba seguro de que aquello no podía ser sino la clásica broma macabra típica del día de los Inocentes, pero no lo era. Me estremecí cuando más tarde supe que Marvin Gaye Sr. era quien había asesinado a su hijo. Sabía, de primera mano, cómo puede desatarse la cólera entre padre e hijo. También, por desgracia, cómo un arrebato de furia puede lamentablemente degenerar en una explosión de violencia; pero jamás hubiera podido imaginar que esa suerte de antagonismo pudiera conducir a tan trágico desenlace.

LADY T

Podía vivir de gorra solo por un tiempo, incluso con alguien tan generoso como David Lasley. Era mi sino, siempre estaba de mudanza. Pero tuve mucha suerte y siempre aparecían ángeles de la guarda que se apiadaban de mí. Recuerdo cómo uno de esos días alcé la mirada y allí estaba Teena Marie.

Por mucho que me gustara escribir canciones, lo que de veras deseaba era salir de gira y tocar con un artista de verdad. Esa es la razón por la cual me presenté a una prueba para hacerme con la plaza como guitarrista de Teena Marie. No me dieron el puesto, pero Teena y yo conectamos, y cuando finalizó la gira, me invitó a su casa. Nos hicimos amigos de por vida.

En aquella época yo era un pimpollo de diecinueve tacos, y Teena, una cantautora blanca contratada por Motown Records, contaría veintiséis. Cuando se publicó su primer álbum, *Wild and Peaceful*, en la portada se veía un mar en calma y un cielo tormentoso en vez de una imagen de la artista. Al sonar Teena tan negra, Motown, buscando al público negro, no quiso mostrar su pálido rostro. Rick James, que apadrinó a Teena, produjo el disco y también cantó en su éxito 'I'm a Sucker for Your Love'. Me gustó mucho su interpretación, en el mismo álbum, de 'Déjà Vu, (I've Been Here Before)', escrita por Rick. Cuando su fotografía apareció en su segundo álbum, *Lady T*, legiones de fans negros empezaron a llamarla «La niña vainilla». Poco después, aparecería en *Street Songs* de Rick, cantando el clásico dúo 'Fire and Desire' y, acto seguido, sorprendió a propios y extraños en la industria discográfica demandando a Motown, por daños y perjuicios, alegando que la compañía había puesto en peligro su carrera al negarse a publicar sus nuevas canciones. En lo que, sin duda, fue una victoria histórica para el gremio, Teena marcó la senda a seguir para que otros artistas dieran con la fórmula que les permitiera abandonar sellos discográficos desinteresados en sus carreras. «Lady T», nombre que lucía en la matrícula de su descapotable rosa (un T-Bird del 57), era una guerrera.

El mayor éxito de Teena fue 'Square Biz', y por su manera de ser no se andaba con rodeos al abrirte su corazón. Me contó lo confundida que se sintió cuando, a los ocho años, sus padres, sabedores del talento musical que atesoraba, la llevaron por el calvario de las audiciones. Se sintió como un mono de feria. Sobrevivió a su adolescencia curtiéndose con los pandilleros del extremo chungo de Venice, California; pero Teena era puro amor: la querían sus músicos, sus fans y cualquiera que se encontrase con ella.

Teena me dejaba conducir su T-Bird mientras, desde el asiento del pasajero, cantaba e improvisaba canciones. En aquella época vivía con la hermana de Rick James, Penny. Me quedé con ellos durante meses. Fue un hermoso interludio en mi vida. Aquellas dos mujeres me cuidaron y me quisieron incondicionalmente. Teena me llevaba con ella a sus sesiones de grabación y me dejaba tocar. Ella y Penny me llevaron a casa de Rick, que se dejaba la piel por nosotros. También pude ver a Rick en el estudio. Teena y Rick eran visionarios que se producían a sí mismos. Fue un auténtico privilegio poder contemplar a artistas que dominaban totalmente el estudio de grabación. Una lección impagable.

Teena también me llevó a mi primer concierto de Maze, en el Universal Amphitheatre, en lo que vino a ser una suerte de reunión familiar para toda la América Negra. Cuando Frankie Beverly, el cantante principal de Maze, se arrancó con 'Happy Feelings' y 'We Are One', el vínculo entre la banda y los fans se transformó en una experiencia mística. Éramos uno. Teena era como una hermana mayor, la persona que continuamente me aseguraba que, aunque todavía no había encontrado mi voz, llegaría a encontrarla. Por su espíritu, veía a Teena como una mujer negra. Mamá quedó prendada de ella desde el mismo momento en que se conocieron en Cloverdale. Cuando entramos, mamá estaba bailando sola con 'Sexual Healing' de Marvin Gaye. No hacía falta que Teena viese nada más. Teena conocía a mamá por *The Jeffersons*, y mamá conocía los discos de Teena.

Papá también admiraba a Teena. Ella era una de las pocas personas que conseguía fundir el hielo entre mi padre y yo. En las fiestas de Cloverdale, a Teena le encantaba cocinar pollo a la barbacoa en nuestro horno de ladrillo. Se hizo de la familia, congraciándose con Albert y Bessie, que la trataban como a una nieta.

La influencia de Teena hizo que yo despegase. Mis maquetas mejoraron. De hecho, las que grabé en A&M finalmente llegaron a manos de alguien con el poder para contratarme. Miles Copeland dirigía I.R.S. Records. Era hermano del batería de The Police, Stewart Copeland, y un poderoso ejecutivo en la industria musical. Mi material le gustaba lo suficiente como para sentarse a hablar de negocios y estudiar cómo abordar el proyecto de colaboración.

Pese a mis problemas con papá, sabía que necesitaba asesoramiento, y le pedí que me acompañase. Sy Kravitz era duro de pelar, nada le impresionaba. Miles parecía tener un interés genuino en las posibilidades de mi trabajo. Lo describió como una suerte de onda new wave anclada en el rhythm & blues. Todo lo que necesitaba era un productor. Yo no estaba tan seguro, quería un contrato, no a un productor, pero me callé. Miles quería que me produjese Martin Rushent, el tipo que había dado grandes éxitos a Human League y The Go-Go's.

Aquello parecía un chollo, pero algo me decía que eso no iba a funcionar. No sabría decir por qué. En aquel entonces yo vivía en un Pinto y... ¿qué chico viviendo en un auto, en su sano juicio, rechazaría un contrato con una discográfica? Ayudó que mi padre opusiera objeciones esenciales a lo que Miles proponía; no le gustaban los términos del contrato. Fue tan duro, de hecho, que Miles se quedó un tanto aturdido; fue casi embarazoso. Ya que mi álbum iba a contener solo canciones originales, papá insistió en que yo conservase mis derechos editoriales. Explicó que si el disco era un éxito, los derechos editoriales iban a ser una fuente nada despreciable de ingresos. La posición de papá estaba clara: agárrate siempre a tus derechos editoriales.

Copeland se plantó y el trato se rompió. Lo que no me afectó demasiado, la verdad. Me preocupaba, además, que un productor externo acabase metiéndole mano a mi música. También comprendí que papá tenía razón. Cuando compones una canción, los derechos editoriales te pertenecen, por derecho propio, a ti. ¿Por qué regalarlos? Aun así, muchos artistas, ilusionados ante la perspectiva de ser contratados, cometen precisamente ese error. En ese momento los sellos discográficos se aprovechan de la indefensión de los artistas. Afortunadamente, en aquel momento de vulnerabilidad, papá me protegió.

En resumen, todo eso significaba que yo seguía por libre, buscando un sonido, una voz, un contrato.

Mamá apoyaba mi búsqueda, pero no se lo puse fácil. Ella deseaba de corazón que yo fuese a Howard, su alma mater. Había sido la primera en su familia que se había graduado en la universidad. El abuelo Albert señaló lo mismo: «Fíjate en lo que la población negra ha sacrificado para que un muchacho como yo pudiese salir adelante». Estas ideas me llegaban de dos personas que habían formado mi carácter y moldeado mi moral. La educación lo era todo para ellos. Mamá había hecho un trabajo de posgrado en el extranjero. El abuelo había dedicado su vida a aprender. El hecho de que no fuese a continuar con mi educación formal les disgustaba. Ojalá hubiese yo podido prevenir este disgusto, pero mi enfoque no cambió: o música o nada.

El fracaso de la negociación para el contrato con I.R.S. no ensombreció mi ánimo. Yo seguía en el tajo, todavía convencido de que era solo cuestión de tiempo. Además, había otros que creían en mí. Uno de mis grandes apoyos era Kennedy Gordy, que me llamó para decirme que había compuesto un éxito inapelable, perfecto para mi estilo. Quise escucharlo de inmediato.

Me encontraba en Cloverdale visitando a mamá cuando llegó Kennedy cargando un aparato LinnDrum, un teclado, y un ampli. Tocó y cantó 'Somebody's Watching Me'. Me gustó, era realmente buena, pero no sentí que fuese adecuada para mí. Me pidió que lo reflexionase. Kennedy era hijo de Berry Gordy.* Berry era un fabricante de estrellas. Berry, podía firmar contrato a quien quisiese. Motown era la primera división. ¿Iba a ser tan estúpido como para rechazarlo?

* Uno de los grandes mitos de la industria discográfica estadounidense. Compositor y productor estadounidense, y fundador de Motor City, que poco después se convertiría en Motown. Entre sus hallazgos figuran Smokey Robinson, The Supremes, Marvin Gaye, The Temptations, Jimmy Ruffin, The Four Tops, Gladys Knight & the Pips, The Commodores, The Velvelettes, Martha and the Vandellas, Stevie Wonder y The Jackson 5.

Semanas más tarde, Kennedy grabó la canción, ocultándose bajo el seudónimo Rockwell. Berry Gordy, el tipo que había contratado, producido y lanzado a los Jackson Five, hizo que Michael Jackson cantase en el estribillo, y 'Somebody's Watching Me' se convirtió en un pepinazo internacional.

Visto con cierta perspectiva, no deja de asombrarme la de cosas que rechacé en una época en la que yo estaba tan decidido a triunfar. ¿A qué lo atribuyo? ¿En qué estaría pensando? No pensaba, reaccionaba visceralmente. Mi almohada no daba su brazo a torcer.

Con el tiempo, me llegarían otras oportunidades, y yo seguiría rechazando canciones que llevaban escrita la palabra éxito en mayúsculas. No era arrogancia lo que me hacía pasar de estas oportunidades, ni la vanidad del ego-tripper. En todo caso, lo contrario. Nunca olvidé una de las admoniciones favoritas de mi madre: no es recomendable darse pábulo a uno mismo.

Las oportunidades que se me habían presentado hasta la fecha no encajaban ni con mi voz, ni con mis ideas ni con lo que creía buscar. Siempre supe que, de no poder expresarme como deseaba, no valdría una mierda.

AMOR Y LIPTON

Al mudarse a California nueve años antes, mi familia siguió manteniendo el contacto con Nueva York visitándola con no poca frecuencia. Ahora yo empezaba a regresar por mi cuenta y riesgo. Prácticamente una vez al mes, iba hasta LAX y compraba un billete con destino a JFK de noventa y nueve dólares, en una aerolínea barata llamada People Express. Con el dinero ahorrado de mis curros y sesiones de estudio, iba y venía como si fuese un simple trayecto en autobús.

En Nueva York, siempre volvía a Brooklyn, donde la abuela y el abuelo conservaban su casa en la esquina de Throop con la calle Kosciuszko. Allí siempre había una habitación para mí. En Manhattan, me quedaba con los Bernstein (mi colega Adam y su padre, el promotor Sid Bernstein) en su palaciego piso del 1000 de Park Avenue. Pero, bueno, como no quería molestar, siempre estaba en danza. Cuando ninguno de mis amigos del Upper East Side estaba en casa para dejarme pernoctar en el apartamento de sus padres, dormía en el suelo de los lofts de mis amigos del East Village. Vivía por todas partes.

Acabé en New Jersey a causa de Tisha Campbell. Habíamos mantenido el contacto desde *The Me Nobody Knows*, y tenía unas ganas enormes de volver a verla. Era un par de años más joven que yo, pero ya una profesional, una espléndida joven que actuaba, cantaba y bailaba con la confianza de alguien que le doblase la edad. Su voz me enamoraba. Veía a Tisha como a una gran cantante, y quería componer para ella y producirla.

La atracción entre nosotros era tan fuerte que, en cuestión de semanas, yo estaba viviendo en casa de su ·familia en East Orange, al lado de Newark, la ciudad donde había crecido. El lugar estaba abarrotado. En la casa vivían la madre de Tisha, la cantante Mona Raye; su tía Sharon; el hijo de Sharon, Eddie; los tres hermanos de Tisha, Taye, Jermaine y Stanley. La familia al completo me aceptó, aunque su madre no quiso que yo durmiese en la habitación con su hija. Pero como Mona Raye tenía sus actuaciones, no estaba por las noches, lo que nos daba tiempo para meternos en el dormitorio y retozar de lo lindo. Cuando llegaba la hora de irse a dormir, en vez de decirme: «Vete a la cama, Lenny», la tía de Tisha, Sharon, soltaba: «Al suelo». El frío suelo de madera era mi cama.

Algunas veces, Tisha y yo íbamos a Mr. G's, el night-club regentado por Mona Raye. La buena mujer cantaba estupendamente. Cuando interpretaba 'God Bless the Child', de Billie Holiday, me recordaba a mi madre. Era la canción favorita de mamá y uno de sus mantras: «Dios bendiga a la criatura que tiene lo suyo». Ese sentimiento se hacía aún más hondo todavía cuando Mona Raye invitaba a subir al escenario a Tisha para cantarla a dúo.

Mona había puesto en contacto a Tisha con Reggie Lucas, un productor ubicado, a la sazón, en New Jersey que había trabajado con Madonna. Yo tenía otras ideas acerca de la dirección que ella debía tomar. La veía más cerca de la senda emprendida por Whitney Houston que de un rollo a lo Madonna. Pero Mona estaba satisfecha con las cosas tal y como estaban. Sea como fuere, ¿por qué iba Tisha a escucharme a mí cuando tenía ya a su disposición a un productor profesional con un montón de éxitos que acreditaban su pericia en el oficio? Yo ni siquiera tenía un nombre.

Pese a nuestras diferencias en lo todo concerniente a su carrera artística, me encantaba vivir con ella en East Orange. La casa de Tisha era una fiesta. Gente entrando y saliendo sin pausa, las veinticuatro horas del día. Era divertido. A veces, no había mucha comida en casa y no era infrecuente ver a los hermanos de Tisha pelearse por las dos últimas lonchas de mortadela. A menudo era preciso apañarse con lo que había y echarle un poco de imaginación al asunto. Abríamos el armario de la despensa, pillábamos una caja de macarrones con queso Kraft y los aderezábamos con los sobres de aliño de una caja de sopa de cebolla Lipton. Nos llenaba el estómago, y de hecho sabía bastante bien. Tisha y yo vivíamos a base de Lipton y amor.

Al igual que a un servidor, a Tisha le apasionaba la posibilidad de poder vivir una vida creativa. Era un espíritu independiente con un corazón hermoso y libre. Solo por estar a su lado y en compañía de su familia, me cascaba el largo trayecto que conduce desde Nueva York, tomando el metro, el PATH Train hasta Jersey, y de ahí el tranvía hasta East Orange.

En uno de esos viajes me metí en un buen lío. De camino a casa desde la ciudad, iba a insertar una ficha para coger el PATH Train cuando, de repente, me di cuenta de que no llevaba ni una encima. En fin, algo que sucederle a cualquiera. Salté por encima del torniquete de la entrada de un brinco, no era una operación muy complicada y aterricé sobre ambos pies. Y, en ese preciso instante, sentí como alguien me agarraba por el cuello. Me di la vuelta y vi que era un poli, cuya misión no era otra que transmitirme un lacónico mensaje: «Arrestado». Me había pillado *in fraganti* justo la semana en que el alcalde se había propuesto dar una lección ejemplar a los pasotillas que no pagaban sus billetes.

Lo siguiente fue verme en el interior de un coche policial y esposado a un yonqui que acababa de cagarse en los pantalones. Casi vomito del hedor que embriagaba la cabina. El tráfico iba lento y el hedor fue a peor. El trayecto hasta la comisaría no terminaba nunca. El papeleo para que me fichasen llevó otras dos horas. Pedí hacer una llamada. La persona a la que podía llamar era la misma persona a la que no quería llamar: mi padre. Sabía que él tenía los contactos que yo necesitaba, pero también sabía que iba a tener que comerme una buena bronca. No solo tenía que contarle que estaba en la cárcel, también tendría, para mayor gloria, que explicarle la razón.

Pese a todo, hice lo que tenía que hacer. Llamé a papá y, para mi sorpresa, conservó la calma. Nada de sermones, reprimendas, ni gritos. Llamó a su amigo Barry Slotnick, un respetado abogado criminal famoso por defender a capos de la mafia. Me preguntaba si habría conocido a Slotnick por el tío Vinnie.

Sea como fuere, pese a que no llegué a averiguar de dónde provenía el contacto con semejante picapleitos, Slotnick lo solventó con suma diligencia. En una hora, el procurador me había sacado de allí pagando una pequeña multa.

Gracias, Mr. Slotnick.

Gracias, papá.

Solo había un problemilla: el sistema informático de la cárcel se había quedado colgado mientras yo estaba bajo custodia. Lo que significaba que, sin importar cuál era mi situación, no podían dejarme salir. Tuve que pasar la noche en la trena.

Tengo la sensación de que el deseo de papá de querer ayudarme le hizo sentirse bien. Pudo demostrarme, a mí, su rebelde hijo, que tenía poder y echar mano de su agenda, mover los hilos y sacarme del hoyo. Por mucho resentimiento que albergase hacia la figura del patriarca, seguía necesitándole. Le había necesitado cuando me animó a seguir como artista en solitario, y también para caer en la cuenta de que no debía malvender mis derechos editoriales. No me gustaba admitirlo, pero le necesitaba de muchas formas.

De vuelta en la calle, pedí algo de dinero prestado, pagué el billete de tren y llegué finalmente a East Orange. Tisha y yo seguimos juntos unos meses. Luego a ella le salió trabajo en Inglaterra como una de las cantantes a lo Supremes en la versión cinematográfica de *Little Shop of Horrors*. Más tarde, le dieron el papel principal en *School Daze* de Spike Lee. Su carrera iba en ascenso, pero en una dirección que la alejaba de mí. Seguimos muy unidos, pero la luz del amor fue desvaneciéndose y poco después rompimos.

De regreso en la ciudad, las cosas pintaban mal. Pese a mi red de amistades, mi buena fortuna como gorrón de sofás se había agotado. Pasaba los días y las noches viajando en metro desde el Bronx hasta Lower Manhattan. Con escasez de dinero y un invierno que se presentaba duro, tenía que dar con una solución.

En uno de esos desapacibles días de invierno, de esos con cielo gris pizarra, allá por 1983, dejé de amar la ciudad. Iba de un lugar de pernocta al siguiente. El aire era gélido y el viento soplaba con fuerza desde el río Hudson. Vestía mi ropa habitual, tejanos, chaqueta tejana, y una bufanda andrajosa, e incluso en un nevado mes de enero seguía calzando sandalias con calcetines de tubo blancos. Llevaba barba de semanas —nunca me ha gustado afeitarme— y mi pelo rizado cubierto por una gorra de lana que me venía grande. Al empezar a nevar, soñé con el sol de las Bahamas. Había abusado de los favores de mis amigos y tenía que plantearme mi próxima jugada. Era, esencialmente, un sintecho pero eso no era nada nuevo —fiel a mi estilo de vida nómada— y no me preocupaba. Quizás porque sabía que mis padres no dejarían que pasase hambre. No tenía nada, pero vivía en un mundo de abundancia y mi misión era proseguir con la búsqueda de la oportunidad que me permitiera dedicarme a lo mío: la música.

Razón por la que, en ese preciso instante, me encontraba desfilando por la Calle 48 rumbo a las tiendas de instrumentos musicales. No importaba que aquel impío temporal de nieve estuviese arreciando. No importaba que mis pies estuviesen mojados o que aquel viento endiabladamente frío me estuviese helando el rostro. Una vez dentro de Manny's, donde papá me había comprado la primera guitarra, me sentiría como en casa. Muchos de los dependientes de Manny's me conocían desde que tenía siete años y les suplicaba que me dejasen tocar todas las guitarras y aporrear todas las baterías. Y allí me encontraba ahora, abriéndome paso por la calle, parando en todas las tiendas, primero en Manny's y luego en Sam Ash.

Estaba echándole un ojo a un Voyetra 8, un sintetizador muy sofisticado, cuando se me acercó un tipo y me dijo: «No lo compres». Me contó que no llevaba MIDI y, a continuación, me explicó que MIDI significaba Musical Instrument Digital Interface. El MIDI era el futuro, dijo. Con la rapidez del rayo, podía transferir señales digitales a sonidos por capas o individualmente, a través de múltiples puertos y canales. Básicamente, el MIDI permitía que las bases de datos en liza dialogasen entre sí.

Le pregunté si estaba en una banda. Respondió afirmativamente, la Michael Zager Band. Conocía su éxito discotequero 'Let's All Chant'. Resultó que él había compuesto la canción y la cantaba en el disco. Se presentó como Alvin Fields. Yo me presenté como Romeo Blue. Se fijó en mis sandalias empapadas, se quedó pensativo un momento y preguntó si por casualidad yo era el

mismo tío con el abrigo largo que había tocado el sintetizador de bajo con Herb Alpert en *Soul Train*. Sí, ¡ese
era yo!

Imaginando que estaba sin techo, Alvin me preguntó si tenía un lugar en el que quedarme. No lo tenía y me
invitó a pasar la noche en su piso, en el 111 de la Calle
94 Oeste. Era un diminuto apartamento dominado por
una enorme pantalla de televisión y un espectacular des-
pliegue de teclados, cajas de ritmos y secuenciadores. Y,
como no podía ser de otro modo, tenía un sistema MIDI
a la última.

En cuestión de minutos nos pusimos manos a la obra.
Tocamos durante horas. Al darnos un respiro, Alvin me
habló de las complejidades del sistema con el que habíamos estado jugueteando. Me contó también que había
producido un álbum a Cissy Houston mientras su hija
Whitney hacía los coros subida a una caja de lechero.
En la librería de Alvin vi un *Playbill* de principios de los
setenta con la producción original de Broadway de *The
Me Nobody Knows*. Le conté que yo había estado en una
reposición de la misma. Me preguntó si conocía a Tisha
Campbell. «¿Estás de broma?»

Qué loco y pequeño es el mundo.

Le pregunté a Alvin si podía usar el teléfono. Llamé
a Tisha y dije: «Tengo aquí a alguien que quiere hablar
contigo». Se lo pasé a Alvin y escuché a Tisha gritando,
«¡Alvin!». Fue divertido ver cómo se ponían al día después de tanto tiempo. Al colgar Alvin, dije: «¿Por qué no
escribimos una canción para ella? Creo mucho en su voz.
Quizás podamos componer unas cuantas tonadas que la
ayuden a conseguir un contrato». El asunto con Reggie
Lucas no había llegado a funcionar, pero yo sabía que Tisha lo llevaba dentro y podía conseguirlo.

Unos días más tarde, estábamos trabajando con Alvin en la canción de Tisha, y dije: «Tío, ¿podemos tomar-
nos un descanso para ver *The Jeffersons*?». Respondió,

«Claro, ¿por qué?». Cuando le conté la razón, le asombró que no hubiese mencionado antes quien era mi madre. No había ninguna necesidad, dije; ahora sí la había. Al día siguiente, llamé a mamá para decirle que finalmente tenía un sitio donde quedarme. Ella quiso saber dónde y con quién, e inmediatamente pidió hablar con Alvin.

Estábamos viendo el concurso Miss America Pageant. «Alvin, mi madre quiere hablar contigo». Se puso al teléfono, se presentó, y respetuosamente respondió a todas las preguntas de mamá. Le dio su número de teléfono y le aseguró que no tomaba drogas y que cuidaría de mí. Cuando por fin convenció a mamá de que iba a estar en un lugar seguro y saludable, ella pareció aliviada. Alvin me pasó el teléfono, y le dije a mamá que estaríamos en contacto. Al colgar, coronaron a la ganadora del concurso: Vanessa Williams.

Me enteré de que antes de que yo me instalase con Alvin, su compañero de piso había sido Jean-Michel Basquiat. Decía Alvin que Jean-Michel y yo teníamos una energía similar. Yo no conocía personalmente al pintor, pero conocía su obra lo suficientemente bien para comprender por qué Alvin me estaba dando cancha.

Completamos con Alvin la canción para Tisha, que llevaría por título 'Love Is the Only Key'. Tisha vino para grabar la maqueta allí mismo, en el pequeño apartamento. Apenas había espacio para que los tres nos moviéramos. Alvin y yo tocamos todos los instrumentos e hicimos segundas voces. Tisha la remató con una brillante voz solista.

Así fue cómo pude, por fin, hacer realidad mi deseo de componer algo para Tisha. Desgraciadamente, no pasó nada con la canción. En lo que a mí respecta, fue todo un éxito en un universo paralelo. Tisha se inclinó más por la interpretación y, al final, consiguió un gran papel como coprotagonista de Martin Lawrence en *Martin*.

Seguía viviendo en casa de Alvin cuando me topé con una portada de *TV Guide* en la que aparecía el reparto de *The Cosby Show*. Señalé a Lisa Bonet y tranquilamente solté: «Voy a casarme con esta chica». Alvin se rio. *The Cosby Show* estaba en lo más alto de su popularidad, presentando una visión de la vida de los negros de clase alta que la América de Reagan hizo suya. El padre, Cliff Huxtable, era ginecólogo; la madre, Claire, abogada; y los hijos, salvo uno, buenos chicos. Ese «uno» era Denise, que interpretaba Lisa. Denise era diferente, y supe en ese preciso instante, al ver el programa, que también Lisa lo era.

He pasado buena parte de mi vida presenciando cómo se rodaban las sitcoms. Sabía que el género exige un buen dominio del género cómico. Sus maestros —Lucille Ball, Jackie Gleason, Redd Foxx— hallaron el modo de humanizar ciertos estereotipos: una ama de casa chiflada, un conductor de autobús frustrado, el dueño de una chatarrería. Los actores secundarios no solían mostrar las complejidades de los protagonistas. En *The Cosby Show* ocurría lo contrario. Denise/Lisa era el miembro más interesante de la familia. Destacaba y parecía estar viviendo una vida interior secreta. Poseía un cercano magnetismo que enloquecía a muchachos y hombres por igual. Era una soñadora bohemia envuelta en un misterioso atractivo. Yo deseaba resolver ese misterio; o por lo menos verlo de cerca.

Pero, ¿cómo diablos iba a ser posible que esto llegara a suceder?

IMPACTO

El billete de noventa y nueve dólares de People Express me había devuelto a Los Ángeles. Bajé del avión y conduje hasta Cloverdale para recoger algunas cosas. Papá no me oyó entrar. Mamá estaba en Nassau visitando a Esau. Desde el pasillo oí a papá hablando por teléfono en su dormitorio. No sabría decir qué, pero algo en el tono de su voz hizo que me acercase sigilosamente hasta la puerta para escuchar a hurtadillas.

Empecé a descifrar lo que decía:

«Nena, nena…»

Me acerqué más y más. Sabía que no estaba hablando con mi madre. Nunca le había oído llamarla «nena», y si lo hubiese hecho, dudo que con ese tono de voz.

Seguí espiando y le escuché decir: «No puedo ocultar los últimos cincuenta mil».

Se me cortó el aliento. Se me secó la garganta. Mi corazón se aceleró. Me quedé helado, escuchando cada palabra de su conversación. Los oídos me abrasaban. Cuanto más escuchaba, más evidente resultaba que estaba hablando con una amante. No entendía todas las palabras, pero definitivamente pillé de qué iba el rollo: engañaba a mamá y mantenía a su amante con el dinero de mamá.

Me puse muy furioso. A punto estaba de estallar. Lo primero que me vino a la cabeza fue el arma que papá escondía en su armario. Sé que es una locura, pero así lo pensé. Estaba traicionando a mi madre, la mujer que le honraba y amaba con todo su corazón, la mujer que había estado a su lado en los buenos y en los malos momentos. Toda la furia que había sentido contra mi padre desde que era un niño, poco más de dos décadas de rabia reprimida, entró en erupción en mi sesera. Quería matarlo. Allí y en aquel momento, le quería muerto.

Fue solo la gracia de Dios lo que me ayudó a reprimir ese irrefrenable impulso. Cada segundo de cada minuto de cada hora de cada día que yo había estado rezando al Señor del amor dio, inesperadamente, sus frutos y los amorticé en aquel preciso instante. No podré olvidar las palabras que Dios me dijo entonces. No podían ser más claras.

«No lo hagas.»

«Gracias, Señor», dije en silencio. Volví a mi habitación, descolgué el teléfono e hice una llamada.

Contestó mi primo Esau.

«Esau», dije, «por favor, que se ponga mamá.»

Mamá notó mi inquietud, pero no podía contarle la razón; no en ese momento. Debía contárselo en persona. Le pedí que me comprase un billete para poder volar a Nassau aquella misma noche. Siguió preguntando por qué. Le dije: «Tienes que confiar en mí. Es una emergencia. Y si no puedo venir a verte, alguien podría morir».

Escuché el temblor en la voz de mamá, su temor, al decir: «Te llamaré enseguida con los detalles».

Pocas horas después me encontraba ya a bordo del vuelo nocturno de LAX a Miami. Mientras cruzaba el país, del uno al otro confín, en mi cocotera seguían revoloteando los mismos pensamientos: «¿Por qué lo hará? ¿Cómo puede hacerlo? ¡Cómo se atreve! ¿Quién será ella? ¿Será atractiva? ¿Qué edad tendrá? ¿Cuánto tiempo llevan juntos? ¿Qué le hará pensar a él que puede salirse con la suya? Ese hijo de puta. Ese gilipollas. Ese tramposo. Todo ese tiempo tratando de ser un tío importante en Hollywood, viviendo del éxito de su esposa, para acabar traicionando a la mujer que significa más para mí que cualquier otra persona en el mundo».

Aterricé en Miami. Una repentina tormenta hizo que se retrasara el vuelo a Nassau. Traté de dormir en la sala de espera del aeropuerto pero no lograba conciliar el sueño, aquellos pensamientos me atormentaban. Conseguí, por fin, distraer la atención contemplando cómo llovía a cántaros en el exterior y cómo centelleaban los relámpagos en las alturas. Al rato se abrió un resquicio de luz en el cielo y empezó a brillar un sol dorado al tiempo que la lluvia amainaba. Me acordé de la abuela Bessie. Cuando llovía y hacía sol, solía decir: «El diablo está pegando a su mujer».

Volvió la rabia. Dos tazas de café. Al poco pude subirme, por fin, a la pequeña avioneta y volé sobre un mar extrañamente en calma, sintiéndome todavía muy inquieto, todavía totalmente enloquecido.

Mamá me esperaba en el aeropuerto. Fuimos en coche hasta el Britannia Beach Hotel en Paradise Island, donde nos sentamos en un pequeño patio. Nos observamos con preocupación el uno al otro. Yo estaba hecho una mierda, descompuesto. Sin haber dormido apenas y después de cruzar todo el país, iba a soltar una bomba que iba a destruir el mundo de mi madre.

El silencio era ensordecedor.

Le expuse el asunto sin rodeos.

Dije: «Papá tiene una relación con otra mujer, y creo que está disponiendo de tus fondos para dárselos a ella».

En aquel momento vi algo que jamás había visto. Vi cómo el rostro de mi madre se resquebrajaba y el alma se le caía a los pies. Vi cómo la vida se escurría de su cuerpo. Se transformó en una cáscara vacía. No se movía, no lloraba, ni siquiera reaccionaba. Sus ojos estaban vacíos. Pasados unos minutos, recuperó la compostura y habló.

Me contó que mi padre la había estado engañando durante todo su matrimonio. Me contó que había tenido que acudir a los apartamentos de sus amantes cuando yo era niño y, cargándome en sus brazos, llamar al timbre para decirle a la mujer: «Dile a Sy que se acabó la hora del recreo, que es hora de volver a casa».

También me contó que el abuelo Joe Kravitz había engañado repetidamente a la abuela Jean, y cuánto odiaba Sy a su padre por ello. La historia se repetía de nuevo.

Le pregunté a mamá por qué no había dejado a papá. Me confesó que era una esposa comprometida y entregada a su relación. Su educación no admitía la solución que me permití sugerirle: el divorcio no era una opción. Estaba decidida, en gran parte por mí, a mantener unido su matrimonio. Además, papá le había prometido cambiar. Pero no había cumplido su promesa. Hubo algunas otras indiscreciones, pero fueron breves. Ella había llegado a pensar que, finalmente, él se había enderezado. Era la primera vez que compartía conmigo esta información íntima.

Le pregunté qué pensaba hacer. Me explicó que, por el momento, lo mejor era no hacer nada; no decir una palabra, no dejar que papá supiese que lo sabíamos. Volvería a Los Ángeles y se comportaría con normalidad. Mientras, contrataría a profesionales para que documentasen su infidelidad. Cuando se enfrentase a él, lo haría armada con pruebas irrefutables. Y el único modo de obtener esas pruebas era asegurarse de que él seguía en la inopia.

En apenas unos minutos, el ánimo de mamá había cambiado. Diez minutos antes, se había venido abajo. Ahora tenía un plan.

Unos días más tarde, mamá y yo volvimos a casa. Ella regresaba a Cloverdale. Para sentirse segura, me pidió que me quedase en casa una semana más. Y así fue cómo pude ver la mayor interpretación dramática de su vida.

Dio la bienvenida a papá con afecto. Actuaba como si nada malo estuviese sucediendo. Se reía con los chistes de él. Dormía en su cama de matrimonio. Le preparaba el desayuno. Y, durante todo ese lapso, sin mostrar enfado, resentimiento o sospecha alguna.

Entretanto, había contratado los servicios de un detective privado. No hizo falta mucho tiempo. Tres semanas después, ella recibía una carpeta con imágenes inculpatorias, y recibos que incluían dos billetes de ida y vuelta en el Concorde a París.

Cuando llegó la hora del gran enfrentamiento, lo escuché desde el salón adyacente a la pared del dormitorio principal. Se oyeron gritos, histeria. Oí que mamá le decía: «¿Cómo has podido tocar nuestro dinero para mantener a una amante?». Le puso en la cara la carpeta con fotos y papeles, pruebas de que había costeado los estudios universitarios de la chica, pagado el alquiler de su apartamento en Westwood, y el recibo mensual de su Mercedes. La «chica» era una joven negra de veintipocos que, ironías de la vida, trabajaba en el banco de mis padres.

Cuando mamá mencionó los billetes de Concorde a Los Ángeles, perdió totalmente el control. Le gritó que le había estado prometiendo durante años que la llevaría a París, y ahora resultaba que había hecho un viaje secreto hasta allí con su novia. Aquello ya la puso como una hidra.

En vez de implorar perdón, papá, se quedó de piedra, enmudecido. No hubo explicaciones, ni disculpa, ni arrepentimiento, nada de nada. Estaba paralizado.

Mamá se mantuvo firme durante todo aquel calvario.

Al ser tan celosa de su privacidad, solo se lo contó a un par de amigos, que le ofrecieron apoyo anímico y la reconfortaron. Estaba herida y mortificada, pero, pese a todo, su intención era intentar que el matrimonio funcionase. Para Roxie Roker, gracias al amor, siempre había una solución.

Y entonces descubrió algo que impedía aquella posibilidad.

Recibió una ominosa llamada de un perfecto desconocido desde Las Vegas en relación a una elevada cifra de dinero que papá presuntamente debía. A sabiendas de que a papá le gustaba congeniar con «tipos listos», concluyó que había llegado el momento de cortar todos los vínculos con él. Le asustaba, y mucho, la posibilidad de que papá hubiese puesto a la familia en peligro. No quería tener nada que ver con sus deudas de juego ni con nadie que buscase cobrarlas. Pidió el divorcio. Quería alejarle de nosotros. Quería echarlo.

Tanto quería echarlo que, de hecho, mientras me decía todo esto a mí, él estaba en la habitación haciendo las maletas. Cuando entró en el salón, maletas en mano, ella le preguntó si tenía algo que decirle a su hijo. A todo esto, el hombre todavía no sabía que había sido yo quien había dado a mamá la información que nos había conducido hasta aquella situación. Era la última oportunidad para que dijese algo que le redimiese, una disculpa. Que me hiciese saber lo avergonzado que se sentía, para que así, a cambio, yo pudiese aprender de sus trágicos errores.

Silencio.

Pasaron por lo menos treinta segundos. Papá evitaba mirarme. Yo no tenía ni idea de lo que iba a decir. ¿Qué podía decir? Mi corazón palpitaba. Tenía la garganta seca. Finalmente, tras lo que se antojó una eternidad, levantó la cabeza y me miró directamente a los ojos antes de pronunciar las palabras que me perseguirían el resto de mi vida:

«También tú lo harás.»

«¡¿QUIÉN COJONES TE CREES QUE ERES PARA RECHAZAR UN TRATO COMO ESTE?!»

Antes de descubrir que papá engañaba a mamá, tenía la certeza de que su relación con ella iba sobre ruedas. No me enteraba de nada. Por muchos problemas que tuviese con mi padre, jamás le había tenido por un mentiroso. Ya que mamá le había sido eternamente fiel, suponía que él, en justa reciprocidad, le correspondía con el mismo trato. Su unión parecía indestructible, nunca advertí las grietas que iban formándose en la fachada. Así que, cuando se derrumbó la fachada, caí en la cuenta de que había ignorado las señales de advertencia.

Debería haberlo advertido enseguida cuando Jewel me contó que su chulo pensaba que podía utilizarme a mí para encontrarse con papá. Obviamente, papá tenía una reputación pero yo, en aquel momento, no pensé en papá. Pensé en cómo ayudar a Jewel. Cuando Phineas Newborn y Joey Collins se enteraron de que mis padres se habían separado, me llegaron pruebas de aquella reputación. No les sorprendió. En una ocasión habían visto a papá con otra mujer.

¿Por qué no me lo habían contado?

Porque no querían hacerme daño ni, menos aún, hacérselo a mamá.

Tras el divorcio quise quedarme en Cloverdale, pero mamá sabía que no se pueden retrasar las agujas del reloj. Debía seguir adelante con mi vida. Me ayudó pagando la fianza de un modesto lugar en Hollywood Hills. Mi compañero de habitación, Christopher Enuke, era un nigeriano educado en Inglaterra a quien había conocido a través de la madre de Eliza Steinberg, Lenny. Christopher era un tío con mucha clase. Cuatro años mayor que yo, era uno de los estudiantes con más talento del Otis Art Institute de la Parsons School of Design.

Alquilamos una vieja casa de dos dormitorios. Aquella cosa se sostenía sobre unos endebles pilares de madera y ofrecía una espléndida panorámica de la ciudad. Como todo el dinero se nos iba en el alquiler, no había más muebles que unos somieres. Ni siquiera teníamos coche, y para llegar a la tienda de comestibles había que descender a pie por la colina durante media hora. Nuestras comidas eran escasas: patatas asadas glaseadas con miel, y arroz blanco con algas marinas a la japonesa.

Yo tenía mis instrumentos; Christopher, su mesa de dibujo; y durante un tiempo eso fue suficiente. Pasábamos los días y las noches perfeccionando nuestros oficios. Nuestra casera, Marty Costanza, una atractiva mujer madura, toleraba que pagásemos siempre tarde el alquiler a cambio de nuestras vergonzosas zalamerías. Con Christopher discutíamos a menudo para resolver a quién le tocaba acercarse a su domicilio para convencerla de que nos diese algo más de tiempo.

Christopher se hacía su propia ropa y dejaba que yo la vistiese: pantalones y chaquetas de cuero, faldas escocesas, y joyería hecha a base de residuos. Tenía muy buen gusto y era, además, un mujeriego con la seductora arrogancia de un príncipe africano.

Una noche, Christopher quiso hacerme un regalo. Conocía a una hermosa mujer deseosa de amarme por una noche. Cuando llegó, yo no sabía nada del arreglo. Le dije hola y subí al piso de arriba a escuchar música. Acto seguido, la vi entrar en mi habitación y quitarse la ropa.

Me dijo: «Soy un regalo de Christopher». A pesar de que estaba muy buena, simplemente no pude hacerlo.

Cuando en 1984 Christopher se graduó en Otis Parsons, le monté una gran fiesta. Con el poco dinero del que disponía, hice venir a una empresa de catering especializada en «soul food» con todo un festín: pollo frito, pan de maíz, hojas de berza, macarrones con queso, de todo. Y, sí, melón. Acudieron todos sus amigos y compañeros de clase. Cuando entró Christopher, sentí una gran excitación al observar su reacción.

Como nigeriano con estudios universitarios en Inglaterra que era, no lo entendió. El estudiante estrella de la escuela en una celebración de graduación elegante, a lo grande, y yo avergonzándole con esa comida de negritos. Al finalizar la velada, sin embargo, lo superó, bailando con sus amigos y comiendo el maldito pollo.

El futuro como diseñador de Christopher estaba claro, pero nuestra vida en común en las Hollywood Hills no iba a durar mucho. Nos quedamos sin pasta y tuvimos que dejar aquella vivienda sita en el culo del mundo.

Mientras, yo seguía tratando de insuflar un nuevo impulso a mi proyecto musical. Y, por supuesto, seguía preguntándome a mí mismo: «¿Quién soy y qué es lo que quiero decir?». Mas seguía sin obtener respuestas.

Seguía siendo Romeo Blue.

Seguía sin un sonido con el que poder convivir.

Seguía sin un grupo al que poder llamar mi banda.

Seguía buscando.

Buscar significaba tocar más y con más gente. En caso de duda, descubrí que lo único que me tranquilizaba y me animaba a seguir intentándolo era tocar. Y poder tocar no era poca recompensa. Así que seguí juntándome en tocatinas con los mejores músicos de Beverly, como el guitarrista Vadim Zilberstein, el bajista Osama Afifi, el teclista Don Wyatt, y el bajista Kevin Wyatt.

En las calles, en las fiestas en patios traseros y en sesiones de estudio que duraban toda la noche, yo seguía dándole. Busqué también inspiración en la sabiduría de mis madrinas y otros adultos como Linda Hopkins, la gran cantante de soul. De niño había visto a Linda en *Me and Bessie*, en Broadway. Era amiga de mamá y también fue amiga mía. Linda era auténtica: una cantante de blues cruda y retozona, y con una conexión directa con el antiguo acervo de la música negra. Adoraba los ratos que pasaba en su vibrante y pequeño apartamento, donde ella cocinaba para mí entre su pandilla de amigos gais.

También busqué a productores como John Barnes, un hermano elocuente de ojos rojizos, adormilados, grueso mostacho, y voz grave y profunda. Era el joven mago que había tocado en 'We Are the World' para Lionel Richie y Michael Jackson, que había participado en la elaboración de 'Liberian Girl' en *Bad,* el álbum de Michael, y que había trabajado también con Diana Ross y Julio Iglesias. Primera espada entre los primeros que dominaron el Synclavier,* John diseñaba complejas construcciones musicales, cual orfebre de la arquitectura del sonido.

John le dio a Romeo Blue una gran oportunidad cuando coproduje a la diva disco Thelma Houston, cantando 'What a Woman Feels Inside'. También toqué la guitarra en el tema. Hice el arreglo como si fuese una balada de rhythm'n'blues convencional, pero John la modernizó con una gran dosis de Synclavier que, a mis oídos, tergi-

---

* El Synclavier fue uno de los primeros sintetizadores y sistemas de sampleado digital polifónico, popularizándose su uso entre productores de música y apologetas de la música electrónica debido a su versatilidad, avanzada tecnología y sonido distintivo. Fue uno de los primeros sintetizadores que operaba solamente tecnología digital y permitía componer y producir una canción entera solamente con dicho sistema.

versaba el sentimiento de la canción. En cualquier caso, gustó en MCA y la incluyeron en el álbum de Thelma, *Qualifying Heat*.

John y yo continuamos trabajando. Yo estudiaba sus técnicas en la consola de grabación. Admiraba su talento. Su ética de trabajo casi superaba a la mía, pero la alimentaba a base de cocaína. No se trababa de un caso aislado, la verdad. La ventisca de nieve de los ochenta cubrió de blanco a la industria musical. La hierba era un colocón suave. La coca, en cambio, lo era todo menos suave. Esta droga activaba una energía frenética que me arrancaba de mi propia alma. No juzgaba a los que esnifaban, solo que no me gustaba nada la mierda que esnifaban.

Después de una sesión nocturna con John colocado, salimos a desayunar. Transitábamos por Hollywood y nos paró un poli. No nos habíamos saltado el límite de velocidad, no habíamos bebido y, por una vez, yo no llevaba hierba encima. No me preocupé, pero John sí. Lo entendí cuando los polis descubrieron una gran bolsa de coca en el asiento trasero. Nos dijeron que los dos íbamos para dentro. Sin embargo, John era un tío legal: insistió en que la coca era suya, no mía, y tal cual me soltaron. A John se lo llevaron a comisaría mientras yo daba vueltas en su coche para arreglar la fianza.

Prefería no imaginar la reacción de mis padres si llegaran a arrestarme por drogas. Solo la integridad de John Barnes evitó que mis tiernas posaderas acabasen entre rejas.

Más búsqueda, más música, más músicos.

Tony LeMans era un tipo de un talento portentoso. Le había conocido en el primer curso del instituto, cuando se llamaba Tony Fortier. Como yo, se había reinventado en un intento de hacerse un hueco en el negocio musical. En cuestión de imagen, podríamos haber pasado

por hermanos. Tony había tocado la trompa en la orquesta de Miss Beasley. Habíamos perdido el contacto hasta
que acudió al concierto de Wave en Beverly Hills High.
También andaba buscando el sonido adecuado. Había
dado grandes pasos como cantante y compositor. Se había dejado crecer el pelo y parecía una estrella de rock.
Tony seguía la estela de Sly Stone. Compartíamos la pasión por el funk de vieja escuela.

Tony era el socio que yo andaba buscando. Tenía estilo y chulería. A nivel personal, siempre hubo una compe-
tencia subyacente que alimentaba Tony, pero yo evitaba
las comparaciones entre ambos elogiándole profusamen-
te. Las alabanzas eran sinceras. Su capacidad de concentración, la de un láser.

En un principio, fui pinche de Tony. Trabajábamos
en material que él protagonizaba. Fundamentalmente
era puro funk con intrincadas armonías corales. Aunque lo que se llevaba eran los sintetizadores, las cajas de
ritmo y los secuenciadores, con Tony cultivábamos un
sonido que recordaba a la vieja escuela: un poco como si
Sly hubiese tocado con los Beatles.

Como yo seguía instalado en A&M, conocía a John
McClain, el ejecutivo discográfico que había lanzado la
carrera de Janet Jackson con un golpe de genialidad:
juntarla con los productores y compositores Jimmy Jam
y Terry Lewis. Potentado de la industria musical, John
había crecido con los Jackson y, eventualmente, acabaría haciéndose cargo de la administración del patrimo-
nio de Michael.

Cuando John escuchó las maquetas, le gustaron nuestras vibraciones. Y quiso llevarlas incluso más allá. Su idea
era montar un grupo conmigo, Tony y otros tres músicos, y formar unos Duran Duran negros. Nos lanzaría a lo
grande en Europa y luego nos traería a casa, donde se nos
recibiría como a superestrellas. No podíamos fallar. Una
«boy band» acosada por hordas de aullantes fans.

A mis compañeros de banda les entusiasmaba la idea. No a mí. No estaba seguro de querer seguir por ese camino. McClain iba fuerte. Nos llamó a su suntuoso despacho, del tamaño de un apartamento, con discos de oro y platino colgando de las paredes. Y allí mismo nos propuso un trato. Mis colegas salivaban y se aprestaban a firmar. Yo no. Se pusieron furiosos conmigo. McClain se enfureció todavía más.

«¡¿Quién cojones te crees que eres para rechazar un trato como este?!», gritó.

No tenía respuesta. Mi rechazo no tenía ningún sentido para él. Los músicos que empiezan no rechazan tratos con discográficas multinacionales, especialmente con alguien tan poderoso como John pero, una vez más, en lo más hondo de mi ser, tenía la certeza de que aquello no era lo que quería hacer.

Salvo por Tony, mis colegas de banda se fueron cada uno por su lado. Tony y yo seguimos juntos. Si unos Duran Duran no encajaban en nuestro estilo, ya daríamos con algo que sí lo hiciera.

Y apareció Benny Medina, un ejecutivo musical al que había conocido años antes en la mansión de Gordy, donde, siendo adolescente, hacía recados para Berry. Un tipo agudo, Benny se lo había currado hasta ser director de A&R* en Motown antes de pasar a cazar talento para Warner Records. De hecho, el personaje de Will Smith en *The Fresh Prince of Bel-Air* estaba basado en la juventud de Benny.

Cuando le pusimos las maquetas que habíamos grabado con Tony, Benny pensó que teníamos un gran potencial. Nos veía como una versión más funky de Hall & Oates. Nos lo tomamos como un cumplido. Benny nos

---

* Del inglés, abreviación de *artists and repertoire* (A&R). Persona o departamento de una discográfica o editorial de música responsable del descubrimiento y la contratación de nuevos artistas y de supervisar el desarrollo artístico sus respectivas carreras.

ofreció un acuerdo para mejorar como grupo que nos permitía volver al estudio y grabar más canciones. Además, Warner Bros nos alojó en los apartamentos Oakwood, donde los músicos y actores de fuera de la ciudad se instalaban cuando trabajaban en Los Ángeles. Nos compramos una moto cada uno —Honda Rebel, las Harley de los pobres— ¡y salimos a toda velocidad! La composición iba bien. Producíamos maquetas regularmente. Nos turnábamos a las voces, también en los instrumentos, y llegamos a producir bastante material. Hasta aquí todo bien. Entonces llegó a la ciudad Sly Stone.

De hecho, Sly se instaló en Oakwood. Me encantó conocerle. Era uno de los titanes de la industria. Le veía salir de su apartamento vestido de punta en blanco, con una mujer por banda. Tony y yo le idolatrábamos. Pero Tony fue un paso más allá. Quería convertirse en Sly; quería ser él. Yo me contentaba con verle por el bloque de apartamentos, pero Tony empezó a buscarle y acabó visitándole regularmente en su apartamento. Entonces Tony desapareció durante días, que se convirtieron en semanas. Al final me enteré de que habían estado juntos fumando crack sin parar. Nuestra producción musical frenó en seco. Al final, Tony reapareció y reanudamos el trabajo pero ya a otro ritmo.

Entonces surgió otro problema: una hermosa joven llamada Sonia. La había conocido en Nassau cuando mi prima Jennifer se casó. Sonia era lista, despampanante, irresistible. Quedé locamente prendado de ella, como nunca hasta entonces me había enamorado. La factura de teléfono se hinchó de tanto llamarla, hasta que finalmente la convencí para que se viniese a Los Ángeles y se quedase conmigo en Oakwood. Conoció a Tony y, por unos días, todo fue bien. Luego llegó aquella tarde en que Tony y Sonia se subieron a su moto para ir a comer algo. Me pareció bien; hasta que aquella noche no volvieron. Ni la siguiente. Ni la de después de la siguiente.

Me inquietaba que les hubiese pasado algo. ¿Habrían tenido un accidente? ¿Estaban vivos? Nada me hizo pensar que Tony me robaría la novia, pero eso fue exactamente lo que hizo. Cuando finalmente aparecieron tres días después, su pobre excusa fue que habían estado explorando Malibú. Me quedé desconsolado. Amaba de verdad a esa chica, pero para Tony era solo un juguete. Le dije a Sonia que no podía soportarlo. Tenía que marcharse. Le reservé un vuelo a Nassau y la llevé en mi moto hasta LAX. Despedirme de ella dolió lo suyo.

Pero la música es una fuerza poderosa; tan poderosa que, pese a que me había robado a mi chica, Tony y yo seguimos trabajando juntos. Me quedé a su lado. Volvimos a hacer maquetas. Pusimos en marcha una presentación en vivo que coproduje. Yo tocaba el bajo y respaldaba a Tony como cantante principal. Sheila E., que había triunfado con 'The Glamorous Life', y fue telonera en la gira de *Purple Rain*, le habló a Prince de nosotros. Prince contrató a Tony, quien quiso que yo formase parte del trato. Prince le dijo a Tony que, aunque su mierda era funky, las grabaciones no sonaban como discos profesionales y que necesitaba un productor. Yo no podía estar más en desacuerdo, la crudeza de su sonido era uno de los elementos capitales que definían a Tony.

Prince tenía una visión más suavizada y más sintética de Tony. En consecuencia, contrató al productor David Gamson. Multinstrumentista, Gamson era la mitad del dúo británico Scritti Politti y compositor de la mayoría de sus grandes éxitos. Era el rey de los sintetizadores. A ver, me encantaban Scritti, tenía su CD, pero en mi opinión aquel sonido no tenía nada que ver con Tony.

Aun así, Tony se tragó el refresco envenenado. Y su funk se diluyó. Estaba convencido de que aligerar su sonido se traduciría en éxito comercial. Presa de la desesperación, y en busca de un tema de éxito, salió por piernas rumbo a la era del pop sintetizado dirigido, eso sí, por unos de los tipos que había sido arte y parte en el asunto. Yo seguí apoyándole cuando se publicó su álbum producido por Gamson en el sello Paisley Park Records de Prince. Deseaba sinceramente que triunfase. El álbum sonaba bien, profesional, y Tony se había dejado la voz grabándolo. Pero cuando el álbum no vendió nada, y las canciones, atrapadas en aquella burbuja techno, sonaban ya pasadas de moda, me di cuenta de que una cosa estaba clara: no puedes jugar con tu ADN musical sin perder algo que es sagrado. Y ni siquiera una figura tan imponente como Prince iba a convencerme de que aquello estaba bien cuando mi corazón me decía lo contrario.

Unos años más tarde, mientras trabajaba en un segundo álbum, Tony murió en un trágico accidente en la Pacific Coast Highway, en Malibú. Aquello me rompió el corazón. Pese a todo lo que había ocurrido entre nosotros, seguía pensando en él como en un hermano y un hombre de inmenso talento. Solo desearía que el mundo hubiese tenido la oportunidad de conocer y disfrutar de la pureza del espíritu musical que yo sabía que habitaba en lo más hondo de su alma.

UNIVERSIDAD

No fui a la universidad, pero sí que fui. Quiero decir que visitaba regularmente a mis amigos en la universidad. Eliza Steinberg y Jane Greenberg estaban en la Costa Este; me llamaban y me escribían para contarme lo bien que lo pasaban en sus respectivas facultades. Tenía que verlo por mí mismo.

A mediados de los ochenta, Jane estaba en Bennington, en Vermont. Todo aquello me atraía: la relajación del campus, las alumnas con faldas desteñidas con lejía, los profesores con chaquetas de pana. Era estupendo volver a estar con Jane. También lo era tocar con los músicos lugareños. Fue en Bennington donde conocí a Bret Easton Ellis, cuya novela *Less Than Zero* trataba sobre los hijos enloquecidos por las drogas de los ricos indolentes. Unos meses más tarde, en la fiesta por la publicación del libro de Bret en Manhattan, pude conversar, por primera y última vez, con Andy Warhol. El genio del pop art hizo una gran aparición con dos esculturales modelos africanas. Con su peluca rubia, Andy era el rey, y ellas sus reinas. Deseaba, con todo mi ser, aparecer algún día en la revista de Andy, *Interview*, pero no llegó a suceder. Veía a Andy como un rebelde que desafiaba los cánones de la tradición. Jane me contó que, de hecho, se había licenciado en Bellas Artes en la Carnegie Tech. Warhol había ido a la universidad.

En no pocas ocasiones me arrepentí de no haber ido a la universidad. Al fin y al cabo, mis padres eran licenciados universitarios. Paseando por Bennington, viendo a los jóvenes con sus mochilas repletas de libros, supe que me estaba perdiendo algo. Sabía que había algo de un valor incalculable en una educación formal. Me preguntaba si me habría autoengañado al saltarme la universidad. Al mismo tiempo, sabía que no hubiese podido concentrarme en los estudios académicos. No podía estarme sentado y quieto el tiempo necesario para cumplir todo un semestre. Era demasiado inquieto, estaba demasiado empeñado en ser músico.

Me gustó Bard tanto como Bennington. Bard era donde estudiaba Eliza; y también donde Donald Fagen había conocido a Walter Becker y, además, formado Steely Dan. Eliza me dejaba sentarme con ella en sus clases, me llevaba a fiestas y me presentó a su hermosa amiga Ming See Lau, apodada Mitzi.

Mitzi hablaba con un acento chino británico suave, encantador. Era mundana, sensual, lista y estaba muy interesada en la música y la moda. Aunque era la hija de un adinerado hombre de negocios, no era consentida ni pretenciosa. Su atractivo era tan natural como su amor por las artes. Desde la primera noche en que nos conocimos en Bard, nos veíamos continuamente. Con el roce llegó el goce y nos regalamos un apasionado romance. Y todo había comenzado en la universidad.

Muy pronto nuestras vidas se vieron entrelazadas. Cuando ella no estaba asistiendo a clase, se quedaba en su apartamento, en un edificio con conserje en el 200 de la Calle 57, en la esquina con la Tercera. Me invitó a mudarme con ella, y de repente volvía a encontrarme en la vecindad de mi infancia, la opulenta Manhattan.

Mitzi me llevó a una boutique que vendía ropa de los diseñadores más radicales: Charivari, en la Calle 57 Oeste. Dado que yo no tenía demasiado que ponerme, ella se ofreció muy amablemente a equiparme con prendas de las últimas tendencias. Éramos jóvenes y estábamos genuinamente enamorados, pero Mitzi se convirtió en algo así como una especie de benefactora. Aquello me producía sentimientos encontrados. Parte de mí hubiese preferido pagar esas facturas, pero a la otra le gustaba tener una novia que era feliz haciéndome feliz. Mitzi no tuvo reparos a la hora de ayudarme a perseguir mis sueños musicales.

Volamos a Los Ángeles juntos, donde ella alquiló un loft en el centro, lo que apelaba al neoyorquino que había en mí. Esto fue mucho antes de que aquella zona se pusiese de moda. En un almacén reformado en la esquina de la Calle 7 con Alameda, desde el loft se avistaba la estación de autobuses Greyhound donde los sin techo acampaban en una deslucida sala de espera. Un joven arquitecto y diseñador gráfico, Michael Czysz, vivía en aquel mismo edificio, en un loft con suelos de hormigón. Aquellos suelos me inspiraron a hacer lo mismo. En uno de mis primeros proyectos como diseñador, dispuse alambre de gallinero sobre mis suelos de madera y yo mismo eché el cemento. El resultado fue inseguro, duro, pero correcto.

Nuestro loft era lo bastante espacioso como para albergar un pequeño estudio que yo mismo monté con la novísima consola Akai de doce pistas. Era un espacio diáfano: cocina, dormitorio y salón. Pasaba todo el tiempo en el estudio, todavía buscando ese sonido que seguía eludiéndome. Después de horas componiendo o tras pasar largas veladas con Mitzi, íbamos a Gorky's, una cafetería especializada en tortillas rusas.

La nueva vida del Géminis rutilante prosiguió: una semana en el sórdido centro de Los Ángeles comiendo en un «food truck» burritos a cincuenta centavos, seguida de una semana en Manhattan cenando en Le Cirque, en el Upper East Side.

Mi manera de ser, vivir a lo grande cuando no hay un puto duro, no había cambiado. Lo que había cambiado era que me estaba haciendo mayor.

VEINTIUNO

Mamá me había estado montando fiestas de cumpleaños desde que cumplí un año. Aquel era un ritual que siempre esperaba con anticipación, sin importar lo que estuviese ocurriendo en mi vida.

Los veintiuno son un hito, y mamá quería señalarlo con gran fanfarria. Seguía viviendo en Cloverdale —por supuesto sin papá— y no vio razón para que Cloverdale no fuese el lugar para celebrarlo. Era, y siempre será, el lugar donde la familia se reúne para las celebraciones.

Aunque me sentía arropado con mucho amor, la noche se volvió un tanto extraña y tensa. Naturalmente, me vestí para la ocasión: un traje de Yohji con un estampado que parecía pintura esparcida al azar sobre la tela. Los invitados eran amigos de mis padres, más el abuelo Albert y la abuela Bessie; los colegas del coro Phineas y Joey; Tony LeMans; Dan Donnelly; Kennedy Gordy; David Lasley y Teena Marie; mis madrinas Joan Hamilton Brooks, Diahann Carroll y Joy Homer. Y también Jewel, con apariencia saludable y fuerte. Atenta como siempre, mamá la había localizado e invitado.

Me preguntaba si aparecería papá. Cuando llegó, tuve sentimientos encontrados. Estuvo dando vueltas y charlando con todos como si aún siguiese viviendo allí. Y habló con mamá y se rieron como si nada hubiese pasado. Ambos se veían guapísimos y, por un momento, deseé que las cosas pudiesen volver a ser como antes. Estoy seguro de que también él lo deseaba.

Tras soplar las veintiuna velas, llegó el momento de mi gran anuncio:

Mitzi y yo estábamos prometidos.

Le había comprado un anillo antiguo. Esperaba que a mamá le agradase, pero la vi algo sorprendida. No lo había hablado con ella. Mitzi era dulce, educada y responsable, pero estoy seguro de que a los ojos de mamá éramos demasiado jóvenes. Papá no dijo nada.

En los meses que siguieron, Mitzi y mi madre se hicieron íntimas. Mientras, en Hong Kong, los Lau, al parecer, no estaban muy encantados con la noticia de aquel compromiso nupcial. No creo que quisiesen a un músico negro sin empleo como yerno.

Mi compromiso con Mitzi llegó al mismo tiempo que finalizaba la larga participación de mamá en *The Jeffersons*. Tras once temporadas, el programa llegaba a su fin. A mamá no le importó. Siempre había expresado gratitud por aquel papel, pero nunca lo había visto como el proyecto de su vida.

The Jeffersons había sido una experiencia agotadora. Pero en los descansos de la serie, había podido hacer otras cosas. Apareció en la icónica miniserie de Alex Haley *Raíces* y también en las series de éxito *Vacaciones en el mar* y *Kojak*. Y encontró tiempo para su verdadera pasión: el teatro. No dejó de colaborar en producciones con Edmund Cambridge en el Inner City Cultural Center mientras seguía en *The Jeffersons*. Roxie Roker nunca dejó de lado su vocación. Se entregaba a la interpretación tanto como yo a la música. De ella había heredado la tenacidad.

Al dejar *The Jeffersons*, pudo cambiar totalmente su forma de trabajar. Apareció como actriz invitada en varios programas —*Cagney & Lacey* y *Murder, She Wrote*— y regresó al teatro, lo que la llevó de vuelta a Nueva York y apareció en algunas obras del off-Broadway e incluso hizo una gira con Carol Channing y Mary Martin en una obra titulada *Legends!*

Mamá quiso creer que, con Mitzi a mi lado, yo iba a asentarme en una vida creativa y estable. Estaba convencida de que pronto iba a encontrarme a mí mismo y dejaría atrás todo aquel enloquecido drama.

Ojalá hubiera estado en lo cierto...

Mi obsesión por vivir de la música, mi amor hacia Mitzi, mis intentonas en ambas costas; todo eso ocurría a la vez y muy rápidamente.

Seguía obcecado en mi determinación por conseguir el contrato discográfico adecuado. Y que fumase cantidades masivas de hierba no era un problema. Tenía, por desgracia, a amigos cercanos con muy serios problemas; estaban colgados de la cocaína, abatidos por depresiones o extraviados espiritualmente. Llamé al Dr. Scimonetti, que nunca me había fallado, desde nuestro apartamento en la Calle 57. Vino a Nueva York, pagándoselo de su propio bolsillo, y acudió a nuestro apartamento a predicar a los que sufrían. Nos habló de superar estos días oscuros leyendo las Escrituras, sobre perseverancia, trascendencia, y sobre la posibilidad de abrir nuestros corazones a la presencia de Dios para que esta transformase y confortara nuestras almas heridas. Su misión era siempre la activación de la fuerza espiritual a través de Jesucristo. Ayudó a muchísimas personas, incluyéndome a mí. La presencia del Dr. Scimonetti era siempre una fuente de inspiración.

Necesitaba esa inspiración que me anclase. La razón era que mi vida profesional —si podemos llamarla así— continuaba en manos del azar. Yo seguía corriendo en cuatro direcciones distintas a la vez; y así fue como conocí a Don Pebbles.

Don trabajaba como vendedor de teclados en Sam Ash, la tienda de instrumentos musicales donde había conocido a Alvin Fields. Don era un converso de la new wave —incluido el peinado teñido de rubio a lo Flock of Seagulls— con una irónica visión de la vida. Era también un buen teclista. Cuando salía de su empleo diurno, tocaba con el guitarrista Raf Hernandez y el bajista Danny Palomo, con el que trataban de formar un grupo. Don sabía que yo tocaba muchos instrumentos, pero lo que en realidad necesitaban era un cantante. Me contó que la banda ensayaba en un loft situado en un viejo almacén de New Jersey.

Días más tarde, me recogieron en una desvencijada furgoneta de correos. Al atravesar el Lincoln Tunnel ya éramos un grupo compenetrado, soltando chorradas, bromeando entre nosotros y listos para tocar. La energía creativa que emanaba junto a Don, Raf y Danny era brutal. Su música era muy del estilo Tears for Fears, muy influenciada por el electropop europeo. Vi el potencial. Empezaron a tocar y me pidieron que inventase algo. No tardé en hacerlo. Sentía sus vibraciones y me puse a tararear melodías y letras fragmentadas. Tras unos pocos ensayos, contábamos con algunas tonadas que a todos nos parecían que sonaban bastante bien.

Ya solo necesitábamos algo de dinero y un lugar donde grabar. Don conocía un estudio que acababa de abrir en el edificio Dell'Aquila, una fábrica de ladrillo monstruosa llena de talleres clandestinos y con una chimenea gigante, elevada sobre el río Hudson, justo al otro lado de la tintineante silueta del cielo de Manhattan. Todas las ventanas habían sido cegadas con gruesa pintura color amarillo mostaza. No hubieses dicho que allí dentro había alguien de no ver a los trabajadores salir apresuradamente al final de cada jornada.

El lugar se llamaba Waterfront Studios, y el ingeniero de sonido era Henry Hirsch, que había producido y tocado en algunos discos de éxitos europeos cuando vivía en Berlín. Su socio, el ingeniero Dave Domanich, había trabajado con el productor Tony Camillo grabando canciones como 'Midnight Train to Georgia' de Gladys Knight & the Pips. El lugar era frío, húmedo y gris. Tenían una consola Trident Series 70, una máquina de cinta de veinticuatro pistas Otari MTR-90, un par de monitores Urei y unas cuantas piezas de equipo externo. Henry nos preguntó cómo queríamos sonar. Al describirle nuestra visión de una sonoridad próxima a la del electropop europeo vi que no le hacía ninguna gracia. Nos preguntó si teníamos batería y le dijimos que íbamos a usar el Drumulator, con sus rimbombantes «samples» a lo John Bonham.

Al examinar la sala de control, me decepcionaron los pequeños altavoces. Yo quería que sonase a todo volumen. Pregunté si podía poner una casete y escucharla. Escuché la canción por aquellos altavoces y le dije a Henry que no eran lo bastante grandes y que la música sonaba a mierda. Pensó que yo era un gilipollas arrogante. Me daba igual. Ni Henry ni yo lo sabíamos entonces, pero aquel primer encuentro iba a cambiarnos la vida a ambos.

El estudio costaba treinta y cinco dólares la hora. Aunque era el mejor precio de la ciudad, ¿de dónde íbamos a sacar el dinero? Los chicos apenas ganaban para cubrir sus gastos diarios. Le dimos las gracias a Henry por la visita y le dijimos que estaríamos en contacto. En el viaje de vuelta a la ciudad, les dije a los chicos que había una posibilidad de que lograse reunir el dinero. No quería pedírselo a Mitzi, pero cuando llegué a casa le conté que realmente creía que este grupo podía triunfar. Solo había que grabar nuestro material y buscar un sello discográfico.

Mitzi aceptó financiar la operación, no solo porque me amaba de verdad y tenía un gran corazón, sino porque era brillante, tenía mentalidad de negociante y quizás lo vio como una oportunidad para que los dos entrásemos en la industria.

«Claro que haré esto por ti», dijo. «Creo en ti.»

¡Bum! Ya estábamos en marcha. Reservamos horas de estudio en Waterfront con Henry Hirsch. Con cada viaje de ida y vuelta por el Lincoln Tunnel en nuestra recién adoptada furgoneta de correos nos acercábamos un poco más a lo que queríamos. Henry resultó de ser de instrumental importancia a la hora de ayudarnos a grabar los temas. Más que ingeniero, antes que nada, era músico. Con su melena hasta los hombros a lo Ramones, chaqueta de cuero negra, tejanos pitillo negros, camiseta blanca y botas Chelsea, su pinta era la de alguien que toca en una banda del Lower East Side.

Los conocimientos de Henry acerca del sonido y el emplazamiento de los instrumentos eran asombrosos. Con cada miembro de la banda grabando demasiadas capas, nos ayudó a dar forma a lo que parecía una masa amorfa y a convertirlo en algo espacioso y dinámico. Henry tenía sus opiniones y no temía expresarlas. Un ejemplo: un día, Danny tenía dificultades al grabar su parte de bajo. Tras un par de horas, a Henry se le acabó la paciencia: «Oye, Romeo, ¿por qué no lo tocas tú?». Me había oído jugueteando con el bajo en el pasillo y había advertido mi pericia. No supe qué hacer. Sabía que podía tocarlo, pero Danny era nuestro bajista. Aun así, Danny me pasó el bajo a regañadientes, y yo hice lo que tenía que hacer. Henry asintió con un gesto de aprobación.

Tras unas semanas trabajando juntos, Henry y yo vimos que éramos almas musicales gemelas. A los dos nos volvían locos los Beatles, Stevie Wonder, Pink Floyd, Jimi Hendrix, Aretha Franklin. Admirábamos las mismas grabaciones, sus distintos matices de color y textura. Departíamos infatigablemente sobre cómo sacar mejor provecho de la acústica de los espacios en función del formato de cada sala y de las distintas posibilidades que los micrófonos que brindaban en función de su ubicación y posición. Cuanto más hablábamos, más conveníamos que lo que estábamos haciendo con la banda no era realmente lo nuestro.

Pero, llegados a este punto, no había vuelta atrás, yo estaba totalmente comprometido con la causa.

A otra cosa: a sabiendas de que pronto íbamos a tocar en vivo y necesitaríamos un baterista, les hablé a los chicos de Dan Donnelly. Confiaron en mí y Mitzi le pagó el billete de avión. No estaba muy seguro de cómo utilizarlo en los temas —a todos nos parecía bien el sonido de la caja de ritmos— por lo que Dan se limitó a sobregrabar los platos a fin de preservar el resto de los sonidos de batería.

Finalizadas las maquetas, convencí a la banda de la necesidad de ir a Los Ángeles para encontrar una imagen para el grupo y a un representante que nos buscara un contrato. Sabía que Christopher Enuke y Dalee Henderson nos ayudarían. No importaba que no tuviésemos dinero para pagar a Dalee, se encargó de nosotros y nos trató como a estrellas de rock. Nos cortó y tiñó el pelo, nos hizo parecer hermosos alienígenas. Christopher nos prestó algunas de sus elegantes creaciones. Los combinamos con algunos hallazgos vintage comprados en Melrose y dimos con nuestra imagen, pero seguíamos sin un nombre.

En aquellos días quiso la fortuna que el abuelo Albert y la abuela Bessie estuvieran pasando una temporada de vuelta en Brooklyn, y me permitieron que instalase a los chicos en su apartamento de Village Green, mientras Mitzi y yo nos quedábamos en nuestro loft del centro. Mamá siempre estaba encantada de tenerme de vuelta en Los Ángeles, y tras conocer a Raf, a Danny y a Don, vio que eran agradables y bien educados, pero ella tenía otras cosas en mente.

Poco después de que mi padre dejase la casa, mi madrina Joy Homer se mudó desde Queens y se instaló en la habitación de invitados de Cloverdale. El marido de la tía Joy, que había sido un próspero comerciante, murió en la ruina dejando a mi madrina en la indigencia. No tenía otra opción.

Mamá recibió a su hermana con los brazos abiertos. La verdad es que se necesitaban la una a la otra. Aquel reencuentro no pudo ser más oportuno.

En medio de todas estas gestiones para asegurarme que la banda tenía el sonido y la imagen adecuados, sucedió algo que me movió el tapete y sacudió los cimientos de mi mundo. Dado que lo había profetizado, no tendría que haberme sorprendido por tan fatídico encontronazo.

LISA Y LENNY

PREDESTINACIÓN Y CONFLICTO

Mi amor por Lisa Bonet me había sobrevenido como una de tantas fantasías juveniles con las que sueña uno a esa edad pero, de pronto, de un modo que aún apenas se me alcanza, el mundo parecía estar conspirando para que dicha fantasía se hiciese realidad.

Todo comenzó por Jheryl Busby, con quien nos habíamos cruzado en infinidad de ocasiones tanto en A&M como en MCA.* Jheryl promocionaba en aquella época a New Edition. Habían pegado fuerte con 'Candy Girl' y 'Mr. Telephone Man'. Jheryl siempre había sido un fer-

---

* La discográfica MCA (Music Corporation of America) se fundó en 1962 con la compra del sello británico Decca Records. Como American Decca, el nuevo grupo se hizo con Universal Pictures para más tarde fundar Uni Records y, en 1967, comprar Kapp Records. Es entonces cuando el grupo comienza a comercializar el nuevo sello resultante, MCA Records. En 1979 MCA Records compró ABC Records con todas sus filiales (Paramount Records, Dunhill Records, Impulse Records, Westminster Records y Dot Records). En 1988 adquirió Motown Records, que sería vendida en 1993 a PolyGram. Ya en la década de los 90, fueron adquiridas GRP Records y Geffen Records, que pasaron a formar parte del conglomerado MCA Music Entertainment Group. En 1990, MCA Inc. fue comprada por Matsushita Electric. En 1995 el grupo Seagram se hizo con el 80% de MCA y su división musical, MCA Music Entertainment Group, pasó a llamarse Universal Music Group. En la primavera de 2003, MCA Records fue absorbida por el grupo Geffen Records.

viente admirador de la buena música, y tenía potestad suficiente como para ofrecerme un contrato discográfico; pero no me veía como alguien con potencial comercial. Pensaba que mi estilo era demasiado marginal. New Edition buscaban un baterista, y me preguntó si conocía a alguno. Recomendé a Dan Donnelly. También buscaban un guitarrista y me ofrecí como candidato para la audición.

Nada más lejos de mis intenciones que olvidarme de nuestra banda sin nombre; simplemente pensé que, de salirme el bolo con New Edition, ya encontraría la manera de hacer ambas cosas. Dan y yo condujimos hasta Audible Sound en Burbank. Yo conservaba mi apariencia new wave: pelo crepado con una coleta cuyo color dorado se había tornado verde.

Lo hice lo mejor que pude pero no conseguí el empleo. Lo cierto es que no me sorprendió. Estoy convencido de que pensaron que no tenía el estilo correcto y no daba el tipo para el puesto pero, afortunadamente, Dan sí lo consiguió. Con su peculiar estilo y tan radiante personalidad, le contrataron al momento. Ya en el grupo, creó conscientemente un personaje extravagante al que llamó Zoro. A pesar de que íbamos a tener que buscar a un nuevo baterista, me sentía feliz por mi hermano y decidí seguir construyendo la banda con Raf y los chicos.

New Edition iban a dar un gran concierto en el Universal Amphitheatre. Naturalmente, Zoro nos consiguió pases a mí y a Rockwell (alias de Kennedy Gordy). Nos preparábamos para el espectáculo, pero Rockwell no se decidía con su atuendo. Se probó por lo menos cuatro trajes distintos. Yo me impacientaba; me moría de ganas por ver a Zoro tocando. Aunque era una estrella emergente —'Somebody's Watching Me' era ya todo un éxito— Rockwell no tenía del todo clara cuál debía ser su imagen. Al final, se decidió por un vistoso conjunto y por fin pudimos irnos.

Era la época del New Jack Swing, una variación al estilo staccato del rhythm 'n' blues tradicional. Maestros del estudio como Teddy Riley —que produciría el éxito en solitario de Bobby Brown 'My Prerogative' y 'Jam' de Michael Jackson— estaban cambiando las reglas. Jimmy Jam y Terry Lewis colaboraban en la producción del álbum que haría de Janet Jackson una estrella, *Control*. Nadie podía cabalgar sobre esos ritmos New Jack mejor que Zoro.

El espectáculo fue muy impactante. Cuando finalizó, me fui con mi pase de backstage hacia el ascensor que descendía hacia los camerinos. Se abrieron las puertas del ascensor, entré y, justo cuando las puertas se estaban cerrando, un hombre las detuvo con el brazo. Las puertas volvieron a abrirse. El hombre, elegantemente ataviado con traje y corbata, se hizo a un lado y cedió el paso a su acompañante antes de abrirse paso él mismo. Ella era Lisa Bonet.

Mi corazón se aceleró. No sabía qué decir, pero debía decir algo. Sabía que este encuentro fortuito era mi única oportunidad. No podía dejarla pasar.

«Me gusta tu peinado», le dije.

Era una frase cursi, una frase estúpida, una de las peores frases en la historia de las frases malas, pero la solté.

«También a mí me gusta el tuyo», dijo Lisa sonriendo. ¡Una sonrisa! ¡Lisa Bonet me había sonreído!

Poco después, mientras estábamos todos frente al camerino esperando que saliesen los New Edition, me acerqué a ella. Me presenté como Romeo Blue. Congeniamos inmediatamente. Sin decir gran cosa, hubo cierto magnetismo. Nunca antes había tenido un encuentro así. Éramos de la misma tribu.

Antes de marcharme, me dio su número.

La llamé y lentamente fuimos trabando una relación telefónica. Tras sus largas jornadas en el plató de Cosby, hablábamos hasta bien entrada la noche. Yo sabía que ella tenía novio, o novios. Yo tenía a Mitzi.

Lisa y yo nos veíamos el uno al otro simplemente como amigos. Era una especie de regresión a mis antiguos amoríos platónicos en mis relaciones con las mujeres. Al ser hijo único, la dinámica fraternal me había proporcionado confort y compañía en mis primeros años de vida. En este caso se trataba de una dinámica de hermano mayor-hermana pequeña: yo tenía veintiún años; Lisa, dieciocho.

En mente tenía, por supuesto, aquel momento en que, señalando la foto de Lisa en la portada de *TV Guide*, le había dicho a Alvin Fields que era la chica con la que iba a casarme. Pero aquello había sido una fantasía. En realidad, fue bastante asombroso llegar a conocerla y sentir una cierta conexión entre los dos. No necesitaba forzarlo y no lo hice.

Lisa regresó a los Kaufman Astoria Studios, en Queens, donde se grababa el programa de Cosby. También yo estaba de vuelta en Nueva York, con Mitzi y la banda.

Lisa me aceptó y sabía que yo la veía por quién era. Enfundada en sus ropajes de Norma Kamali y Betsey Johnson, tocada con sus sombreros de copa y gafas de abuelita psicodélica, era ciertamente un personaje de lo más peculiar: ingeniosa, de voz suave y misteriosa. Me gustaba que no se depilase los sobacos. Me gustaba que llevase andrajosos vestidos viejos comprados en tiendas de segunda mano. Pero, por encima de cualquier otra consideración, me fascinaban su mente y su espíritu. Ella era un verdadero ser libre.

Lisa Bonet era una de las mujeres más deseadas del mundo, pero eso a mí me traía sin cuidado. Habíamos conectado enseguida, nos unía una espontánea compenetración, y nos comprendíamos el uno al otro sin necesidad de dar grandes rodeos. El hecho de que ambos estuviéramos en nuestras respectivas relaciones con otros no hizo sino facilitar esa amistad.

Mitzi parecía satisfecha de que Lisa y yo fuésemos solo colegas. Entre Lisa y yo, no se daba, ni por asomo, esa energía que surge cuando un hombre le entra a una mujer o una mujer persigue a un hombre. Pese a su gran éxito comercial, Lisa era un alma pura que, como yo, había adoptado la ética de «paz y amor» de una era anterior. Deseaba adentrarse en territorios inexplorados. Atrevida e intrépida pero, al mismo tiempo, frágil y dura; como una niña extraviada, pero también un bastión incólume.

Nuestros orígenes mestizos —la madre de Lisa era blanca y judía, y su padre negro— eran otro nexo. Ambos nos sentíamos cómodos en distintas culturas y el hecho de haber crecido en la cultura específica de las sitcoms televisivas me ayudaba a entender lo que ella vivía día a día. Conocía esa rutina de primera mano, y sabía el precio que acabas pagando por ello.

Cuando Lisa salió entrevistada en *Interview* —esto fue solo unos pocos meses después de conocernos— ya éramos tan íntimos que ella me mencionó, refiriéndose a mí como su «hermano Romeo». No tardé mucho tiempo en cambiar de opinión acerca de aquel nombre. Porque resultó que lo que yo estaba buscando había estado allí mismo, todo el tiempo.

CONVIRTIÉNDOME EN LENNY

No había falsedad ninguna en Lisa. Cuanto más pensaba en mi falso nombre, más ridículo me sonaba. Yo no era Romeo. Y no era Blue. No era uno de esos aspirantes fabricados por visionarios de la mercadotecnia. Era un músico empeñado en ser auténtico. De pronto, tuve claro que el seudónimo se interponía en mi empeño. Era el yo inmaduro tratando de ser *cool* pero lo *cool*, proviene de tus entrañas, de tu autenticidad. No puedes simularla, ni tampoco conjurarla y que se manifieste como por arte de magia. Debes cultivarla orgánicamente.

Había invertido mucho en Romeo Blue. Le veía como un alter ego, sin ninguno de los problemas a los que Lennie se enfrentaba. Cuando inventé esa nueva identidad, me dio seguridad, pero ahora se me antojaba ridículamente falsa. Al cuerno con Romeo Blue.

Pero, ¿qué nombre adoptaría?

Al principio pensé en ir al otro extremo y llamarme Leonard Kravitzky (el apellido real de mi abuelo antes de que llegase a Ellis Island); llegué a encargar tarjetas con ese nombre. Viéndolas, no obstante, sentí que era todo excesivamente clásico, como «Ígor Stravinski».

No, la respuesta más fácil era la más simple: el yo real, el nombre real. Lo único que cambió fue la forma de deletrearlo: «Lennie» se convirtió en «Lenny» porque, impreso en papel, me gustaba la forma de la *y* más que la de *ie*. Tenía más fuerza.

Yo era Lenny Kravitz. Pese al nombre que me había inventado, y la imagen que había adoptado, siempre había sido Lenny Kravitz pero tuvo que ser Lisa quien me inspirara y animara a reivindicarme y a ser yo mismo.

Era Lenny quien seguía trabajando en nuestro grupo sin nombre. Conseguimos un bolo de considerable importancia en el China Club de Nueva York del que se habló bastante. Presentíamos que quizás ya no estábamos tan lejos de la contratación. Lisa, que tenía un apartamento en Mott Street, vino a vernos y conoció a Mitzi, que la miró con indisimuladas reservas.

Lisa había roto con un novio y ya estaba saliendo con otro. A veces me invitaba a su piso, pero siempre cuando había otras personas presentes. Vimos *Taxi Driver* en su reproductor de vídeo, escuchamos discos de Jimi Hendrix, paseamos por el Village; como amigos, solo amigos. Yendo y viniendo de una costa a la otra, mantenía mi compromiso con Mitzi. No había razón para no hacerlo. Mitzi era consciente de que me gustaba Lisa, y no pasaba nada. ¿O sí?

Si era mi destino ser simplemente el hermano de Lisa, que así fuera. Lisa tenía su vida y yo quería estar con ella, de la forma que fuera. Podía aparcar mis sentimientos más viscerales; no había problemas de ego en esas coordenadas. Hubiese hecho cualquier cosa con tal de estar cerca de su energía. Así de grande era mi amor por ella. En palabras de los Stones: «No siempre consigues lo que deseas».

Un fin de semana, fuimos con Mitzi a Idyllwild, California, con Lisa y un grupo de amigos. Aquella noche, a la luz de la luna y arropados por el aire fresco de la montaña, algunos de nosotros tomamos hongos. Fue un viaje suave excepto por las malas vibraciones de Mitzi con Lisa. Yo sentía la tensión. Era indescriptible pero innegable.

En otra ocasión, con Mitzi en Nueva York y yo en Los Ángeles, Lisa vino al loft del centro cuando yo estaba dando una pequeña fiesta. Sentada en un sillón, descalza, me acerqué a ella y, me pareció algo natural, le hice un masaje en los pies. Esto me recuerda a la famosa escena en *Pulp Fiction* en la que John Travolta le dice a Samuel Jackson que un masaje en los pies podrá parecer inocente, pero en absoluto lo es. Un masaje en los pies puede cambiarlo todo.

En 1986, Lisa aceptó un papel protagonista en *Angel Heart*, una película con Robert De Niro y Mickey Rourke. Era un thriller psicológico con tintes de *noire* que incluía ceremonias de vudú en las que se degollaban gallinas y contenía una escena de sexo harto cruenta. Aquella película preocupaba a Bill Cosby, que había cultivado a conciencia la imagen de los personajes de la serie para todos los públicos en Hollywood. Es más, preparaba un spin-off de *The Cosby Show*, *A Different World*, en el que Lisa, en su papel de Denise Huxtable, sería la protagonista.

De espíritu insobornablemente independiente, Lisa ni se inmutó. No le importaba lo más mínimo aparecer desnuda en la película. Y no iba a dejarse intimidar por Cosby. Rodó la película y estalló la polémica. Más tarde, aquel año, me invitó a un viaje a Orlando, patrocinado por Disney, para que la acompañara. Dormimos en habitaciones separadas.

Pese a la insistencia de Lisa en hacer *Angel Heart*, Cosby y NBC siguieron adelante con *A Different World*, en la que Denise deja el hogar de los Huxtable en Manhattan para acudir a Hillman, una universidad negra ficticia. Marisa Tomei y Jasmine Guy eran las coprotagonistas con Lisa. La primera temporada fue un éxito y ganó el People's Choice Award como Mejor Nueva Comedia.

Lisa me pidió que la fuese a ver al plató en Universal Studios. Al conducir por el complejo y llegar a la localización, tuve un *déjà vu*. *A Different World* se grababa en el mismo estudio en el que yo había crecido. Ahí se grababa *The Jeffersons*. Me sentía como en casa.

Al verme, Lisa corrió hacía mí y me abrazó. Estaba realmente en casa. Enseguida me di cuenta de que se había hecho un piercing en la nariz. Parecía una diosa hindú.

Tras la grabación, me fui en coche hasta Gauntlet, un establecimiento de piercings en Santa Mónica Boulevard, donde Jim Ward, pionero del movimiento, me perforó la nariz.

En el asunto musical seguía teniendo problemas. Las maquetas que había grabado con Raf y con Denny estaban empezando a suscitar cierto interés en las grandes discográficas, y eso tendría que haberme ilusionado, pero no era así. Seguían carcomiéndome las dudas. De nuevo, algo me decía que esperase. Pero, ¿qué era exactamente esa intuición? Los chicos no entendían a qué estaba esperando. Era aquel mismo resquemor en las tripas.

Seguía creyendo que esas canciones no eran lo que yo debería estar haciendo. Me quedé en la banda pero cuanto más me distanciaba de ellos, mayor era el cabreo de mis colegas. Por el contrario, cuanto más tiempo pasaba con Lisa, más cambiaba y crecía emocionalmente. En mi corazón se formaban nuevos sentimientos. Esos sentimientos se iban transformando lentamente en canciones, pero canciones con una vibración que nada tenía que ver con la de la banda. Eran canciones que eran puro reflejo de mi mundo interior.

Las cosas se aceleraron. Cuatro o cinco veces a la semana, me iba desde el loft en el centro a visitar a Lisa en su casita de galletas de jengibre en Venice. Me leía poesía. Yo tocaba la guitarra. Escuchábamos discos y veíamos películas. Ella me contaba historias de su infancia; el modo en que su madre siempre la había amado y apoyado, el abandono por parte de su padre. Como yo, tenía hermanastros, pero, también como yo, había sido educada como hija única. Buscaba su otra mitad. Lo mismo que yo.

El hogar de Lisa era mi puerto seguro mientras me rondaba una tormenta de fuertes emociones. Estábamos de acuerdo absolutamente en todo. Al verla a ella, podía verme a mí mismo. Su compañía me daba confianza en mí mismo, y ella creía en el instinto tanto como yo. Quería estar todo el tiempo con ella.

Mitzi vio mi obsesión con Lisa. ¿Cómo no podía verla? Sabía que mis sentimientos por Lisa iban más allá de la amistad. Sabía que no había espacio en mi vida para ella y Lisa. Se encaró conmigo y le conté la verdad. Lisa y yo no éramos amantes, pero sí, no podía separarme de ella. Aunque fuese solo amistad, era una amistad que me consumía el corazón.

Mitzi y yo rompimos nuestro compromiso. Sabía que le había hecho daño, como sabía que no había disculpa para ello. La culpa era mía. El amor me había distanciado de ella. Lo sentía, pero no estaba dispuesto a renunciar a Lisa.

«A veces, si lo intentas, igual puedes lograr lo que necesitas.»

UN MUNDO DIFERENTE

Era el título de la serie televisiva de Lisa, pero asimismo la descripción perfecta de aquello en lo que se estaba convirtiendo mi vida.

Al no tener coche, Lisa me dejaba llevarla a Burbank cada mañana en su Mustang de los sesenta y me lo prestaba todo el día mientras ella estaba en el plató. Acudía a una sesión de grabación en Hollywood o iba a ensayar a donde fuese hasta que llegaba la hora de recogerla y regresar a la playa. Mi trayecto para cruzar la ciudad me tomaba horas. Así que, para hacer las cosas fáciles, me ofreció una habitación en su casa, donde podía dejar mis instrumentos y me trasladé allí. Aun así, todavía no habíamos quebrantado los términos de nuestra amistad.

Hablábamos día y noche, sobre cualquier cosa bajo el sol. Y sin ningún esfuerzo. Nos ofrecíamos el uno al otro apoyo incondicional. Fue hermoso. De esa belleza surgieron incluso más canciones. Empecé a verme y escucharme de otro modo. Lisa sacaba algo de mí que yo no había visto. La poesía de su alma agitaba la poesía de la mía. Ella me daba coraje, me inspiraba, renovaba mi actitud artística. La obsesión por el «¿Cómo voy a hacérmelo?» gracias a Lisa dio paso al «¿Cómo puedo revelar mi verdadero yo?».

Se trataba de buscar, cavar hondo y descubrir lo que había. Como siempre, hubo desvíos. Un ejemplo: cuando

Lisa trabajaba en su programa y yo en mi música, me enteré de que se estaba haciendo un casting para la nueva película de Spike Lee, *School Daze*. Uno de los papeles requería a alguien que cantase. ¿Qué podía perder? Todos iban con radiocasetes gigantes y pistas pregrabadas, yo entré y canté nada menos que 'Life on Mars?' de David Bowie, a capela.

La directora del casting no tenía ni idea de lo que acababa de presenciar y solo pudo pronunciar una palabra: «Siguiente».

Supongo que podrían habernos llamado hippies. A Lisa y a mí nos ilusionaba vivir en un mundo de gitanos. Nuestros amigos eran artesanos que trabajaban con cristales y cuentas; diseñadores de ropa y bailarines; místicos y poetas. Aunque Lisa se había convertido en un gran icono de la cultura pop, nuestro círculo social era bastante reducido. Vivíamos en una burbuja de creatividad.

Mi imagen había empezado a cambiar. Al conocer a Lisa, seguía crepándome el pelo y llevaba coleta pero, al mudarme a su casa, me olvidé el peine. Vivía tan al día que ni siquiera pensé en él. Antes de darme cuenta mi pelo empezó a rizarse. A Lisa le gustaban las rastas, y a mí también.

Lisa apoyaba mi música apasionadamente; no importaba que, tras tantos años, no hubiese tenido éxito en mi empeño y siguiese sin haber publicado un disco. Pasaba incontables horas ensayando en mi habitación de la casita de galleta de jengibre. A veces ganaba algo de dinero como músico de estudio, y otras había un ingeniero de sonido que me ayudaba a grabar la música con la que estaba experimentando.

Una noche, estaba solo en un estudio de la zona oscura de Hollywood. Los demás músicos se habían marchado a casa y yo estaba ensimismado tocando la batería. Levanté la vista y vi a Lisa al otro lado de la ventana de la sala de control; y ambos sonreímos. Pasó pacientemente media hora viéndome trabajar. Poco después me tomé un descanso y fui hacia ella. Me preguntó dónde estaba el lavabo. Le dije que le mostraría el camino. Dimos un par de pasos por el pasillo, Lisa tropezó con un cable e, inesperadamente, cayó en mis brazos. Estábamos cara a cara. De pronto el tiempo se detuvo. Nos miramos a los ojos.

¿Qué está pasando?

¿Qué está ocurriendo?

En un momento, todo cambió.

Nos besamos.

Era la cosa más natural que yo jamás había experimentado.

La sensación era como de otro mundo. Viéndolo desde el presente, tiene todo el sentido. Lo habíamos hecho bien. Habíamos desarrollado una amistad verdadera. Habíamos abierto nuestros corazones y nos habíamos mostrado el uno al otro las profundidades de nuestras almas: lo bueno, lo malo y lo feo. Sin análisis, sin anticipación, sin ni siquiera intentarlo, nos habíamos enamorado locamente.

Aquella noche me trasladé al dormitorio de Lisa.

El destino nos había guiado hasta allí.

Nuestro amor florecería a cada nueva hora.

La premonición se tornó profecía.

La profecía dio paso al éxtasis.

LA CAPILLA DEL AMOR

Lisa y yo nos despertamos la mañana de su veintiún cumpleaños, el 16 de noviembre de 1987. Le deseé un feliz cumpleaños y le dije que iba a darle mil besos. Uno a uno, conté todos los besos hasta alcanzar el millar.

Estábamos tirados en la cama, mirándonos el uno al otro, cuando de mi boca surgieron estas palabras: «Ya sabes que me casaría contigo…».

Acarició mi cara suavemente y dijo: «También yo me casaría contigo».

Le dije: «Quiero decir ahora mismo».

Ella sonrió y dijo: «*Ahora mismo*».

«Vamos.»

Dichosamente, desayunamos tratando de averiguar la manera más rápida de casarse. No podíamos hacerlo en Los Ángeles, pues se necesitan análisis de sangre y los resultados de los mismos tardan varios días en alcanzarte. A la mierda.

Descubrimos que en Las Vegas no se requería analítica alguna, con lo que no había otra, el lugar iba a ser Las Vegas. Fuimos a por el Mustang y salimos a toda carrera hasta Antiquarius, una joyería en Beverly Hills, donde ambos elegimos un anillo antiguo. Luego fuimos directamente a LAX y compramos dos billetes de PSA, cuyos aviones llevaban una sonrisa en el morro. A media tarde ya estábamos allí.

Tras parar el primer taxi que vimos, le pedí al conductor que nos llevara hasta la mejor capilla nupcial. Se rio, y nos dijo que jamás creeríamos la cantidad de veces que le habían pedido exactamente lo mismo.

Debo aclarar que Lisa era una de las mayores estrellas del país y su programa algo habitual en millones de hogares americanos. Suerte tuvimos de que no apareciesen los paparazzi, aunque, en aquella época, no eran ni la mitad de agresivos que en la actualidad.

El taxista nos dejó ante el escaparate de neón de La capilla del amor. El propietario, que no iba disfrazado de Elvis, nos dio a elegir una canción de una lista. Escogimos 'In My Life', de los Beatles. La ceremonia fue breve y cursi, pero, ¿qué pasa? Fue hermosa. ¡Estábamos casados! ¡Lo habíamos hecho! Y lo habíamos hecho sin que el mundo se enterase. O eso pensamos.

Días más tarde, descubrimos que el dueño de la Chapel of Love había vendido la noticia al *National Enquirer*, añadiendo una copia del certificado de matrimonio.

Pero aquella noche mágica fuimos libres. Estábamos en el paraíso de los recién casados. Nos fundimos en un muerdo en el asiento trasero del taxi. Prosiguió el boca a boca en la última fila del avión de PSA que nos llevaba de vuelta a Los Ángeles. Teniendo en cuenta que había sido una boda en Las Vegas, lo pasamos maravillosamente bien.

Ahora teníamos que contárselo a nuestros padres.

Llamamos a la madre de Lisa, Arlene, a quien yo quería mucho. Pese a que se sorprendió, nos dio su bendición pero, ¿cuál era el mejor modo de contárselo a mi madre? Sabía que no iba a ser fácil. La invitamos a Chianti, un tranquilo restaurante italiano en Melrose que pensamos que le gustaría.

Llegamos los primeros y planeamos cómo íbamos a darle la noticia. Pensamos que sería bonito insertar el certificado de matrimonio en el menú, en las primeras páginas, para ver cómo mi madre se topaba con la gran sorpresa mientras decidía qué iba a comer, y entonces todos lo celebraríamos.

Mamá llegó impecablemente vestida, como de costumbre. Me dio un abrazo y besó a Lisa en la mejilla. Charlamos un rato de naderías. La conversación fluía. Y llegó el momento de pedir.

Mamá abrió el menú.

Lo examinó.

Pasó una página.

Luego otra.

Forzó la mirada.

Estudió aquel trozo de papel. ¿Serían los platos del día?

Lo cogió y lo estudió de cerca.

Y entonces jadeó. Un jadeo que jamás olvidaré. Desde lo más profundo de su ser.

Y sin mediar palabra, se levantó y abandonó el restaurante.

Lisa y yo nos miramos el uno al otro.

Sabía perfectamente lo que había hecho. Cagarla. Presa de las irreprimibles prisas para casarme con la chica de mis sueños, no me había planteado cómo reaccionaría mamá. No solo la había excluido de la ceremonia, sino también de la decisión misma. No se lo había consultado. Era su único hijo, y mi matrimonio era algo muy importante para ella. Había actuado impetuosamente, sin las formalidades que de mí se esperaban y, sin ninguna consideración por mamá, había salido pitando hacia Las Vegas, apartándola, involuntariamente, de una de las decisiones más importantes de mi vida. Ya puestos, podía haberla abofeteado en público antes de anunciárselo.

Lisa y yo nos levantamos a toda prisa de la mesa y salimos corriendo a buscarla. En la calle, mamá se marchaba al volante de su automóvil. Corrimos por la acera, saltamos a nuestro coche y la seguimos. Necesitaba explicarme, deshacer el entuerto. O, como mínimo, pedirle disculpas.

Pero antes de poder alcanzarla, oí una sirena, miré por el retrovisor y vi centelleantes luces rojas y azules. Mierda. Los polis. Nos detuvimos. Seguramente fue porque yo era un hombre negro conduciendo un superelegante Mustang, pero fuese por la razón que fuese, el oficial se puso borde conmigo.

Justo en el momento en que se mostró muy agresivo, ¿quién apareció sino Roxie Roker? Había visto cómo ordenaban que detuviese el coche y, como madre negra de hijo negro, se asustó. Se dirigió al oficial a su modo, sin chorradas. Quería saber por qué me habían detenido.

Exceso de velocidad.

«Vale», dijo mamá. «Entréguele una citación y déjelo que se vaya.» El policía rellenó la multa y se marchó. Sin mirarme a mí o a Lisa, ella también se largó.

Lisa y yo pasamos la noche en vela. Me sentía como una mierda. Había apartado a la madre a quien tanto quería. Ser joven y estúpido está bien. Casarse por capricho está bien. Pero, ¿tenía que hacerlo de un modo que hiriese a mi madre?

El único recurso era conducir hasta Cloverdale al día siguiente. Para entonces mamá se habría tranquilizado y nos escucharía. Pedimos disculpas. Sabíamos que le habíamos faltado al respeto, y le explicamos que no había sido esa nuestra intención. No fue una conversación fácil, pero sí civilizada. La herida tardaría un tiempo en cicatrizar. Al final, no obstante, mamá se dio cuenta del amor que había entre nosotros. Con el tiempo, ella y mi esposa congeniarían.

Papá era otra historia. Cuando Lisa y yo le llamamos con la noticia, su reacción fue reírse y decir que aquello no podía durar.

Guau.

Con todo, nada iba a hundirnos. Nosotros dos íbamos a ser las personas más felices de la tierra.

De vuelta al trabajo y a la decisión que había estado pendiendo sobre mi cabeza: ¿iba a dedicarme a tiempo completo a nuestra banda y aceptar el trato que nos ofrecía Capitol Records? Tendría que haber sido un asunto para no comerse la olla; pero es que seguía sintiéndome incómodo y sin querer aceptarlo. Mi cerebro seguía oyendo canciones inspiradas en mi amor por Lisa y ese nuevo espíritu que ella había traído a mi vida. Estas canciones no tenían nada que ver con la banda, por muy buena que hubiese llegado a ser.

Raf me dijo que su contrato exigía que yo fuese el cantante principal. «Hermano, es tu voz la que suena en las maquetas. ¿Qué se supone que tenemos que hacer ahora?».

Todo lo que podía decir es que lo sentía pero que me marchaba.

Llegados a este punto, yo ya tenía una reputación. Era una locura. Ahí estaba yo, currándomelo durante meses —ensayando, vistiéndome, actuando— para acabar jodiéndola en el preciso momento en el que más importaba importante era dar el paso decisivo. ¿Cuál era mi problema?

Los tíos estaban furiosos y yo entendía la razón. Habíamos invertido mucho tiempo juntos pero conocer a Lisa lo había cambiado todo. Ella se había convertido en mi musa. Hacía que escribiese de un modo que nunca había escrito antes.

Dejé la banda. Afortunadamente, poco después, encontraron a otro cantante, Robi Rosa, que se daría a conocer como Draco. Había dejado Menudo, la famosísima «boy band» con Ricky Martin; Robi había sido la voz solista en su mayor éxito, 'Hold Me'.

La nueva formación hizo finalmente un álbum para Capitol y salió de gira con Fishbone y Faith No More. Se llamaban Maggie's Dream, título también de su primer y único álbum. Irónicamente, el nombre salía de un libro sobre las aspiraciones de los afroamericanos, *Maggie's American Dream*, escrito por el Dr. James Comer, un amigo de mamá de Howard University que nos había visitado en Cloverdale años antes.

Lisa estaba ilusionada por mi decisión de ir en solitario. Hablamos sobre el proceso de creación artística.

Las cosas auténticas y orgánicas tardan lo que tardan.

La vida nueva va a su propio ritmo.

«LISA BONET ESTÁ EMBARAZADA, PERO DENISE HUXTABLE NO.»

Sucedió en las Bahamas, a principios de la primavera de 1988.

Quise que Lisa conociese a mi familia en Nassau, en especial a los primos Esau y Jennifer. Quería que conociera mis raíces y que experimentase la alegría de mi vida isleña.

También sabía que a Lisa le encantaría y, naturalmente, así fue.

Tras unos pocos días en Nassau, nos topamos con mi prima Diana, una enfermera que me había cuidado de pequeño, y su marido, Bill, un profesor británico. Acababan de mudarse a Gregory Town, en la isla de Eleuthera, para trabajar en la clínica y la escuela primaria, respectivamente. Diana estaba entusiasmada con su nuevo hogar. «Tío, tienes que venir a verlo con tus propios ojos. Créeme. Venid a quedaros con nosotros. Relajaos.»

Tras unos días disfrutando de la familia, decidimos aceptar la oferta de Diana. Aunque había pasado toda mi infancia en las Bahamas, nunca había salido de la isla de Nassau. Sentía curiosidad, ¿por qué no vivir una aventura?

Nos enteramos de que un barco, el Current Pride, zarpaba hacia Eleuthera aquella misma noche. Costaba veinticinco dólares, pero el precio incluía un bocadillo, un refresco, y un pasaje a Hatchet Bay, desde donde el barco partía a medianoche.

Cuando llegamos al muelle, la gente hacía cola cargados con grandes bolsas y cajas. En los gigantescos palés de mercancías a bordo había de todo, de Pampers a jaulas con gallinas y un desvencijado automóvil.

Pese a que Eleuthera está a solo setenta y cinco kilómetros de Nassau, el viaje duró cinco horas. La brisa del océano era suave y fragante. La luna llena proyectaba un resplandor de brillos plateados sobre las oscuras aguas.

Subimos una pequeña escalera metálica y dimos con un lugar donde sentarnos sobre la cabina del capitán, al lado de la chimenea. Nos tumbamos y pasamos toda la travesía observando el firmamento. Jamás en toda mi vida había visto tantas estrellas; no sabía que hubiese tantísimas. Se veía el polvo de la Vía Láctea. Fue mágico. Estábamos en el cielo.

Al llegar la medianoche, vislumbramos las distantes luces de Eleuthera. El remolcador navegó por un estrecho canal entre enormes, majestuosas formaciones rocosas, y se adentró en la tranquila bahía.

Diana y Bill nos esperaban. Diana estaba muy ilusionada porque descubriésemos la isla de la familia que ahora era su hogar. Mientras íbamos en coche por la Queen's Highway en dirección a Gregory Town, no pude ver gran cosa en la oscuridad, pero sí sentir que aquel era un lugar especial. Desprendía una energía diferente e imaginé lo que se revelaría una vez saliese el sol.

Llegamos a una pintoresca casa de madera asentada al pie de una loma con vistas al mar. Dormimos como bebés. Al despertar y mirar por la ventana, lo que vimos fue como esa escena en *El mago de Oz* en la que Dorothy abre la ventana y el mundo pasa del blanco y negro a un flamante Technicolor.

Un vívido cielo azul, aguas de color turquesa y el follaje verde tropical.

Diana pensó que nos gustaría acampar en una playa desierta. Así que, tras enseñarnos el poblado, nos dio una tienda de campaña y los suministros necesarios para hacer fuego y cocinar. La polvorienta arena de coral era surrealista.

Diana venía a ver cómo estábamos casi a diario, para asegurarse de que todo iba bien y ver si queríamos volver a la casa para ducharnos, lavar la ropa, aprovisionarnos de alimentos o cualquier otra cosa.

No necesitábamos nada.

No necesitábamos ropa.

Nos bañábamos en el océano.

Hacíamos el amor.

Conocimos a un par de tíos, Rasta John y Frog, que nos pasaban ganja y nos enseñaron a cocinar al estilo natural Ital, la comida rastafari.

Estábamos en casa.

Al regresar a América, Lisa volvió a grabar el programa, y yo a componer.

Un día, al llegar a casa, encontré a Lisa en el lavabo. Me miraba y sostenía algo en la mano.

Un test de embarazo que había dado positivo.

Estaba comprensiblemente estupefacta. Por su cabeza debían corretear un millón de cosas. ¿Era este el momento de tener un hijo? No sé bien qué pensaba. No sé bien qué pensaba yo, pero la vida venía de frente hacia nosotros.

Aquella noche no hablamos. Nos limitamos a yacer en silencio. Al amanecer, nos inundó una calma especial. Todo estaba en su sitio.

Nos habían hecho el mayor regalo del universo.

Vida.

Lisa sospechaba que Bill Cosby iba a reaccionar negativamente al embarazo, y estaba en lo cierto.

Ya se había emitido la primera temporada de *A Different World*, pero durante la segunda Lisa iba a estar embarazada. Entretanto, Cosby había contratado a Debbie

Allen, una amiga de mamá, para que se encargase del programa y le diese relevancia política. Lisa le contó a Debbie lo de su embarazo. A ella no le molestó en absoluto. Pensó que aportaría complejidad al personaje de Denise, y estaba dispuesta a insertarlo en la trama. Pero también sabía que Cosby era un celoso dueño de su familia televisiva. Creyó importante, por respeto y decoro, que ella y Lisa le diesen la noticia en persona. Debbie pidió cita con Bill, aconsejó a Lisa que vistiese apropiadamente y, dos días más tarde, se presentaron en la oficina del jefe.

Según Debbie, Cosby las vio venir de lejos. Tan pronto se sentaron, miró a Lisa y dijo: «Vienes a contarme que estás embarazada, ¿no es así?».

Lisa asintió.

Antes de que Cosby pudiese decir nada, Debbie explicó que esta era una gran posibilidad argumental. Como directora, le gustaba la idea de que una joven de clase alta como Denise Huxtable tuviese un bebé sin ningún interés por casarse. Denise criaría al niño por sí misma. Le ayudarían sus amigas, y de ahí surgirían toda clase de fascinantes líneas argumentales.

Mientras Debbie hablaba, Cosby se mantuvo callado. No contraatacó, pero tampoco estuvo de acuerdo con su directora. Todo lo que dijo fue que lo pensaría. El proceso reflexivo, no obstante, fue breve. Unos días después, Cosby llamó a Debbie y aplastó la idea.

«Lisa Bonet está embarazada», dijo, «pero Denise Huxtable no lo está.»

Echó a Lisa de *A Different World* y, poco después de que naciese nuestra hija, la volvió a incluir en *The Cosby Show*. Pero, a partir de entonces, su relación con Bill fue muy tensa y finalmente devino insostenible.

Nos mudamos de la casita de galleta de jengibre a la casa estilo American Craftsman en Milwood Avenue, Venice, que disponía de dos grandes estudios en la parte trasera, uno de los cuales se convirtió en mi espacio musical. Era una casa de amor y creatividad.

El embarazo de Lisa fue una época preciosa. Resplandecía vida y crecía espiritualmente. Y a aquella alegría se sumaron las canciones que iban creciendo en mi interior. Algunas tenían su historia. Y algunas de estas historias, como en la canción 'Rosemary', las escribimos Lisa y yo.

'Rosemary' cuenta la historia de una niña de cinco años abandonada en un mundo de dolor y angustia. A diferencia de nuestra hija recién concebida, esta criatura no tenía a nadie, tan solo «A burning heart and tired eyes / Howling winds for lullabys» [Un corazón ardiente y ojos cansados/ vientos como nanas aullados]. Veía a Rosemary, la sentía; y sentía la necesidad de consolar su espíritu. Imaginé que su corazón se convertía en oro, pues «There's eternal life for every soul» [Hay vida eterna para todas las almas].

Mi rumbo espiritual me había conducido hasta este momento. La fe de la abuela Bessie; la devoción a los grandes maestros del abuelo Albert; la amabilidad y compasión por todos de mi madre; la presencia viva de Cristo que había experimentado en el campamento de verano; la pasión de todas las iglesias a las que había acudido; las lecciones de gracia y perdón del Dr. Scimonetti; el amoroso corazón de Lisa... todo ello se fusionó. Acabaría constituyendo las raíces de mi música.

Por fin empezaba a escuchar canciones que brotaban de mis propios sentimientos, canciones que tomaban forma al mismo tiempo que lo hacía nuestra hija; una doble bendición. Las canciones eran distintas a todo lo que había escrito antes por una razón muy sencilla: porque la vida que vivíamos, y el amor que creábamos, me habían convertido en un ser diferente. Esto era lo que yo había estado esperando. La espera, finalmente, había llegado a su fin. El canal se había abierto. Todo adquiría sentido.

Ahora comprendía por qué había rechazado todos aquellos contratos. Sí, había formado parte de grandes bandas y había sido afortunado al trabajar con músicos brillantes, pero en mi interior sabía que faltaba algo. Antes intentaba escribir con todas mis fuerzas. Ahora ni siquiera lo intentaba. Las canciones simplemente salían a raudales.

Una canción preguntaba: «Does Anybody Out There Even Care?» [¿Habrá alguien ahí fuera a quien acaso le importe?]. Otra que reflejaba la vida que llevábamos con Lisa, decía: «I Build This Garden for Us» [Construyo este jardín para nosotros]; un jardín sin guerras ni prejuicios raciales, un lugar donde «We'll be so happy, / Our Little family, / So full of love and trust» [Seremos tan felices, / Nuestra pequeña familia, / Tan llena de amor y confianza].

Tomé un poema de Lisa, «Fear», sobre la devastación ecológica en una sociedad sin amor, y le puse melodía. En el pasado buscaba a las canciones, pero ahora las canciones —'Be', 'Freedom Train', 'My Precious Love'— aparecían completamente formadas. Tenía uno la impresión de que se había invertido el proceso, y de que habían sido las canciones quienes me habían encontrado a mí.

Mi imaginación poética se había ampliado. En 'Blues For Sister Someone', por ejemplo, visualizaba a personajes y los perfilaba en la canción. El más vívido de esos perfiles fue el que escribí de Lisa. Lo llamé «Flower Child»:

> Dressed in purple velvets
> With a flower in her hair
> Feel her gentle spirit
> As the champa fills the air
> ... She's a psychedelic princess
> On a magic carpet ride
> And where her trip will carry you
> Is somewhere you can't find

She's on a plane of higher consciousness
Meditation is the key
She's got her shit together
Cause her soul and mind are free

[Vestida con terciopelos púrpuras | Con una flor en sus cabellos |
Siente su amable espíritu | Mientras la champa perfuma el aire | ...
Ella es una princesa psicodélica | Que vuela en una alfombra mágica
Y adonde te llevará en su viaje | Es un lugar inencontrable | Ella está
en un plano de elevada conciencia | La meditación es la clave | Ella lo
tiene todo a punto | Pues su mente y su alma son libres].

Como escritor, finalmente, me sentía liberado de un proceso que me había costado afrontar durante muchos años, forzando las canciones. Esa lucha había terminado.

Con canciones revoloteando en mi cabeza, volé a Nueva York con Lisa, que volvía a participar en *The Cosby Show*. Bill hizo lo que pudo para ocultar su embarazo al situarla detrás de sillas grandes y mostradores de cocina. Nos instalamos en el 450 de Broome Street, en la esquina con Mercer. El lugar era propiedad del artista conceptual Lee Jaffe, que había sido amigo de Bob Marley y compuesto música con el genio del reggae. Lee se hizo amigo mío y tocaría la armónica en dos temas de mi nuevo disco.

Fue en la pared que daba al ascensor de aquel loft donde escribí, en rotulador negro, mientras las palabras me venían a la mente, «Let Love Rule». Estuve mirando esa pared durante semanas hasta que tomé prestada la guitarra de Lee para convertir esas tres palabras en una canción.

EN EL MALECÓN

Componer canciones es una cosa, grabarlas otra bien distinta. Todavía tenía que enfrentarme al estudio. Había pasado toda una década en estudios con incontables músicos e ingenieros de sonido, pero ahora necesitaba a un ingeniero que entendiera el sonido que buscaba.

Acudí al hombre de Hoboken. Cuando empecé a trabajar con Raf y los chicos, Henry Hirsch fue quien sugirió que yo tocase el bajo. Supo ya entonces que el sonido europop que estábamos creando no era mi estilo. Le dije a Henry que había estado componiendo música distinta: mi propia música. Cuando me pidió que se la describiese, todo lo que pude decir es que brotaba de un modo muy natural, y se me antojaba cálida e intimista. Le conté que quería hacer mi propio *Innervisions*.*

Lisa profesaba una fe incondicional en mi música y quería, más que nada en el mundo, ver cómo mi visión daba sus frutos. Ella me hizo la más hermosa de las ofrendas al sufragar los gastos del estudio. Cuando se me fue la mano con el presupuesto, llamé a mi padre a re-

---

* El autor hace referencia al premiado álbum de Stevie Wonder, *Innervisions* (Tamla/Motown, 1973) con letras, composición, interpretación (a cargo de casi toda la instrumentación) y producción también del propio artista. *Innervisions* se hizo con el Grammy al «Mejor Álbum del Año» y a la «Mejor Producción No-Clásica» de 1974.

gañadientes y le pedí un préstamo. Sorprendentemente, accedió, pero no sin su escepticismo habitual: «Te prestaré el dinero», dijo, «pero sé que no volveré a verlo».

Henry estaba muy ilusionado y dispuesto a apoyar mi nuevo proyecto. Yo disponía de un montón de equipos vintage que había comprado en Voltage Guitar, en Sunset: un amplificador Fender forrado en «tweed», un segundo amplificador para mi bajo, una Telecaster, una guitarra Epiphone Sorrento, y una batería. Hicimos pruebas en busca de músicos que me acompañasen. Se ofrecieron a someterse a la audición auténticos virtuosos en sus respectivos instrumentos, pero ninguno de ellos poseía la sensibilidad que buscaba para ese proyecto en particular. Tras unos cuantos días de creciente frustración, Henry sugirió que yo tocase todos los instrumentos.

No lo tenía claro. Había visto documentales sobre los Beatles, los Stones, Zeppelin, y Hendrix, y siempre había venerado la experiencia del trabajo en equipo con tu propia banda. Quería disfrutar de la experiencia y hacerlo con gente a mi alrededor, con músicos con los que intercambiar ideas; pero Henry veía en mí algo que yo no alcanzaba a divisar por mi cuenta y riesgo. Opinaba que en los grandes discos sientes la verdadera personalidad de los músicos a través de sus instrumentos. Es un proceso manual. Para hacer un disco que fuese completamente personal, me incitó a poner mis manos en todos los instrumentos.

Lo hice. Toqué y canté todas las partes. Me salió con mucha naturalidad. Me convertía en distintos personajes según el instrumento o la canción. A la batería, podía ser Stevie o Ringo. Al bajo, podía ser un tipo corpulento de Memphis con un cigarrillo Newport colgándole de los labios y un cubo de alitas de pollo grasientas en mano. A la guitarra, me transformaba en un chico delgado y melenudo de Londres o un hermano funky con un estratosférico afro de Detroit.

Con Henry a los mandos, cual ingeniero de sonido, y un servidor produciendo, pudimos dar con nuestro propio ritmo. Nuestro objetivo era crear una grabación que sobresaliese por su autenticidad. Henry y yo sabíamos que la mejor manera de hacerlo era usar el equipo vintage que había producido los discos de rock y rhythm 'n' blues clásico que venerábamos. Sentíamos que el sonido de estos equipos era el que me mejor se adaptaba al espíritu del proyecto, en contraposición a los aparatos más novedosos. Queríamos calidez; andábamos en busca un sonido orgánico que permitiese al oyente acercarse a mis sentimientos.

El día que grabamos 'Let Love Rule', Henry se limitó a mirarme. No necesitaba decir nada.

Fin del primer asalto.

ZOË

Segundo asalto.

Nos encontrábamos de vuelta en Los Ángeles donde habíamos planeado pasar el último trimestre del embarazo de Lisa. Nuestro plan era tener el bebé en nuestra hermosa guarida en Venice. Lisa y yo nos pusimos manos a la obra, yendo a clases para familiarizarnos con el método de parto Bradley.

Para Lisa esto significaba no querer ni oír hablar de drogas, ni de epidurales.

Entonces, el tiempo se detuvo.

Sucedió con la única presencia de la comadrona. El parto fue intenso: veinticuatro horas. Pese al agudísimo dolor, Lisa insistía en un parto natural. Era una guerrera.

Al aparecer la cabeza del bebé, tomé rápidamente mi cámara de cine para captar el momento. Pero cuando vi su cara —el milagro mismo— dejé la cámara y me puse a llorar desconsoladamente. Era lo más hermoso que jamás había presenciado. Viendo que Lisa me necesitaba, enseguida me recompuse y, guiado por la comadrona, saqué al niño con cuidado y corté el cordón umbilical.

Llegó la madre de Lisa, Arlene, pero mi madre se retrasó pues, como luego explicaría, no iba a conocer a su nieta sin estar adecuadamente vestida. Puro Roxie Roker. Abrazó al bebé con los ojos llorosos. Naturalmente, ella y Arlene querían saber qué nombre íbamos a ponerle a nuestra hija. Bueno, habíamos elegido un nombre que nos gustaba, pero cuando Lisa y yo miramos al bebé, no encajaba con el ser que teníamos delante. Tendría que ser ella misma quien nos lo comunicase.

También estaban presentes Phineas Newborn y Joey Collins del Boy's Choir. Al inclinarnos sobre mi hija en el moisés, bromearon diciendo que el bebé, en vez de ser visitado por tres Reyes Magos, tendría que conformarse con un Rey y dos Reinas Magas.

La primera noche, el primero de diciembre de 1988, fue preciosa. Mi hija durmió sobre mi pecho. Me debatía entre dormir, soñar y observar a aquella diminuta criatura en mis brazos. Al pasar los días, con Lisa barajamos docenas de nombres hasta que, una noche, Lisa miró a nuestro bebé y dijo: «Esta criatura es vida. En griego, Zoë significa vida. Creo que su nombre tiene que ser Zoë».

CONVERTIRSE EN VIRGEN

De vuelta al tajo. Le puse mis nuevas canciones a todo el mundo. Uno de los primeros en escucharlas fue Steve Smith, un tipo del Medio Oeste conectado con mamá y con Lisa. Había empezado como ayudante de vestuario en *The Jeffersons* y era ahora supervisor musical en *A Different World*. Conocía a Steve desde que yo era niño, y cuando me dijo que le gustaba mi música, le pedí sin pensarlo que fuese mi representante. No me importaba que nunca antes se hubiera batido el cobre en esas lides.

Steve gestionó citas con los grandes sellos. La primera fue con Carol Childs, A&R en Elektra, el sello que estaba lanzando a Tracy Chapman. A Carol le agradó lo que escuchó pero dijo que necesitaba verme en vivo, con mi banda. Bien, yo no tenía banda. Le expliqué que estas eran canciones que yo había escrito, producido y cantado, tocando yo todos los instrumentos. ¿No era suficiente para juzgar si merecía un contrato? Al parecer, no. Elektra pasó.

Lo mismo hicieron otros sellos. Algunos ejecutivos decían que la música no era lo bastante negra, mientras que otros decían que no era lo bastante blanca. ¿Qué demonios significaba eso?

Yo no sabía cómo etiquetar esta música, como tampoco sabía cómo etiquetarme a mí mismo. Temía la perspectiva de ir por la ciudad de oficina en oficina, tocando mi material para ejecutivos que simplemente no lo pillaban.

Tras semanas de rechazos, Steve consiguió una cita con Nancy Jeffries, directora de A&R en Virgin America, la sucursal de la matriz con la que Richard Branson había desembarcado en las Américas, concretamente en Alden Drive, Beverly Hills. Nancy vivía en Nueva York y pasaba los días laborables en Los Ángeles. Cuando llegamos, a las cuatro de la tarde, nos dijo que tenía que trasladarse al aeropuerto y solo tenía cinco minutos. Nos invitó a darnos prisa.

Saqué la casete y puse 'Let Love Rule'.

Nancy escuchó atentamente. Cuando finalizó la canción, nos dijo que nos esperásemos un momento. Abandonó la sala y regresó segundos más tarde con Jeff Ayeroff, uno de los jefes del sello. Me pidió que le pusiese la canción a Jeff.

Rebobiné y presioné, de nuevo, el botón y, al igual que Nancy, Jeff tuvo la deferencia de escuchar con exquisita atención. Al terminar la canción me preguntó si me importaba volver a ponerla una tercera vez. Con mucho gusto. Llamó a su socio Jordan Harris para que se sumase al improvisado sanedrín. Volví a presionar el botón. Nancy, Jeff y Jordan parecían estar en sintonía. Les gustaba lo que oían.

Nancy quiso saber si tenía otra canción, así que puse 'Be'. Jeff le pasó una nota a Jordan. Más tarde me mostró lo que había escrito: «Prince mezclado con John Lennon».

Nancy explicó que tenía que salir apresuradamente hacia el aeropuerto, pero que Jeff y Jordan sabían lo que tenían que hacer.

¿Qué quería decir con esto?

Jeff lo dejó claro. Querían contratarme. No sabía bien cómo iban a comercializar esa música, ni siquiera si esa música iba a vender. Sin embargo, estaba convencido de que esta música era auténtica y de que tenía que conocerse.

Me quedé de piedra. No lo esperaba.

Les di la mano y salí aturdido de allí.

Aquella noche, de vuelta en Milwood, lo celebramos. Para evitar rociar toda la casa, Steve y yo nos metimos en la ducha y nos embadurnamos el uno al otro con sendas botellas de Dom Pérignon hasta acabar totalmente empapados. Lisa lo filmó todo con una cámara.

A la semana siguiente, no obstante, las cosas se complicaron. Benny Medina, que había querido ficharnos para Warner Bros, a mí y a Tony LeMans, trato que yo había rechazado, se enteró de la oferta de Virgin. Quería escuchar las maquetas, y cuando lo hizo, se excitó y les puso las canciones a sus jefes. Le dijeron que me contratasen.

Benny me recordó que hacía mucho que nos conocíamos. Desde el instituto. Era un amigo y un admirador, y debía tener una primera opción. Dijo que Virgin estaba bien, pero no tenía el poder de Warner Bros. Además, le habían autorizado a mejorar la oferta de Virgin.

Lo hablamos durante horas con Lisa. Lo consulté con la almohada y, al amanecer, tenía la cabeza despejada. Era duro pasar de la oferta de Warner Bros. Aunque hubiese recibido más dinero, pensé que si mi primer álbum no tenía un tema de éxito todo se habría acabado para mí. Jeff y Jordan en Virgin creían, de veras, en las posibilidades de mi música y en mí. Agradecía su sinceridad, les vi volcados y decididos a apoyar el desarrollo de mi carrera y a brindarme el tiempo necesario para crecer libremente como artista. Sabían que mi música iba a contracorriente, contraviniendo el *Zeitgeist* de la industria.

Poco después entablamos las negociaciones con Virgin. Al cerrar el trato, y recibir mi primer adelanto, lo primero que hice fue comprar treinta acres en Eleuthera, la isla de mis sueños en las Bahamas. Comprar un terreno significaba que, en cualquier caso, si nunca ganaba otro mísero centavo con la música, tendría un lugar donde vivir. También me compré la moto que siempre había querido, una Harley-Davidson. Le devolví el préstamo a mi padre y le di a Mitzi un cheque por cada centavo que tan generosamente había invertido en mí.

Fin del segundo asalto.

Tercer asalto.

Marzo de 1989: de regreso en Hoboken para convertir las pistas grabadas en un álbum niquelado. Era un hombre con una misión. Lisa y yo cruzamos el país en una autocaravana Winnebago alquilada, con Zoë pegada al pecho de su madre. Todo el viaje fue soleado: la rugosa belleza de Arizona, el grandioso firmamento sobre Texas, y así prosiguió la expedición, mas no sin antes hacer escala técnica en Nueva Orleans para darnos un garbeo por el French Quarter y embriagarnos con las esencias el funk primigenio. Iris Dillon, que años antes me había defendido en A&M, se encontraba en la ciudad visitando a la familia y nos invitó a cenar. Aceptamos gustosamente pensando que se trataría de algo informal pero cuando entramos había allí habría lo menos, unas doscientas personas en pie observándonos, esperando un autógrafo y una fotografía. Fue un poco exagerado pero nos echamos unas risas.

Sin perder un solo ápice de ilusión por lo que nos estaba deparando aquella travesía, seguimos adentrándonos por la ruta sureña, a través de un Mississippi cubierto por el musgo y Delta arriba hasta Memphis —con mis temas sonando a todo volumen por los altavoces— y las onduladas colinas de Kentucky, los Apalaches de West Virginia, los pastos de los Amish en Pennsylvania, hasta divisar el Empire State y llegar a la ciudad de Nueva York. Nancy Jeffries nos había encontrado un apartamento en el histórico American Thread Building, hogar donde se hospedaban artistas como el músico Eumir Deodato y la actriz Isabella Rossellini.

De nuevo en Hoboken, pasé semanas con Henry refinando los temas sin comprometer la pureza de las versiones originales. Mucho de nuestro trabajo se centraba, precisamente, en decidir qué no hacer y en no sobrepasarse con el pulido. Sonreía al ver a Lisa y Zoë en el estudio.

LINDA BESSIE

Estaba a mitad de una sesión cuando llamó mamá para decirme que la abuela Bessie había muerto. Me quedé de pie con el teléfono contra la oreja sin poder moverme. No imaginaba un mundo sin la abuela Bessie. Acababa de cumplir veinticuatro años y, hasta la fecha, no había perdido a nadie tan querido ni tan próximo.

Llamé al abuelo Albert, quien me contó que las últimas palabras de la abuela habían sido acerca de la maravillosa vida que había tenido. El abuelo Albert se solazaba siempre perdido en el mundo de las ideas, pero la abuela Bessie fue una mujer terrenal. Había estado ahí siempre a mi lado, desde que dormía con ella en su habitación de Brooklyn: un niño reconfortado por un espíritu amoroso. Ella había insuflado seguridad a mi mundo.

El funeral fue muy emotivo, pero, inesperadamente, la persona más emocionada fue mi padre. Por primera y última vez en mi vida, vi a papá llorando como un niño. La abuela Bessie le había tratado como a un hijo. Pese a lo que le había hecho a mamá, Bessie nunca dejó de quererlo.

Agradecí a Dios que permitiera a la abuela seguir entre nosotros hasta conocer a Zoë.

Recuerdo haberle preguntado una vez al abuelo sobre la deliciosa dieta de la abuela. Era una cocinera fabulosa, y le gustaba la comida azucarada, grasienta, salada y frita. ¿No podría el abuelo haberla ayudado a cambiar?

Nada como el dicho de las Bahamas para aclarar su posición sobre esta cuestión: «Si lo amas deja que te mate».

Bessie Roker murió en paz. No había cumplido los ochenta. Había tenido una vida plena como esposa fiel, madre, suegra, abuela y bisabuela. Su indeleble impronta en los corazones de toda la familia será eterna.

Solo unas semanas después sufrí otra pérdida para la que tampoco estaba preparado, una muerte que, en cierto modo, me afectó aún más. Tenía que ver con Jewel, con quien había seguido en contacto. Había conocido a un hombre que la amaba y se habían ido a vivir a Alaska, donde tuvieron su primer hijo. La vida había dado, por fin, un vuelco feliz, parecía que el destino se estaba portando con ella; pero esa bondad no iba a durar mucho. La última vez que habíamos hablado, me contó que su hijo había enfermado, pero albergaba la esperanza de que diesen con una cura para sanarlo. Y, al poco, me llamó para comunicarme la trágica noticia: el bebé había muerto. Insistí en acudir al funeral para estar al lado de Jewel. La trágica noticia había llegado el día antes de que con Henry volásemos a Los Ángeles para consensuar los últimos retoques e introducir los aditamentos acordados para la mezcla final. Para llegar al funeral a tiempo, tuvimos que conducir directamente desde LAX hasta la iglesia. Henry me acompañó.

Permanecí en pie y lloré desconsoladamente. Como padre recién bendecido con la llegada de mi hija, no podía imaginar cómo Jewel, quien también acababa de vivir tan maravillosa experiencia, podía enfrentarse a tanto dolor. Toda la vida su belleza se le había vuelto en contra. Habían abusado horriblemente de ella. Y ahora esto. La ayuda de buenas personas como mamá no había bastado para salvarla. Todo lo que yo podía hacer era rezarle a Dios para que, de algún modo, en su tormentosa historia, pudiese llegar a encontrar refugio y consuelo.

AL BORDE DEL COLAPSO

Finalizar un disco es un proceso enloquecedor, pero debo decir que durante las últimas semanas de trabajo sentí cierta paz. Me sentí seguro, creí escuchar el poder absoluto del soul que había escuchado de niño, y también el del rock que me había acompañado en la adolescencia. Las canciones sonaban novedosas y clásicas a un tiempo, cantadas todas ellas en una voz que finalmente reconocía como propia. El espíritu que informaba las canciones, las melodías y las letras, lo inspiraba el dios al que había aprendido a amar aquella noche tiempo atrás en el campamento de verano del coro, y también lo inspiraba mi esposa, a quien amaba con todo mi corazón.

Pero justo cuando el álbum estaba listo para ser publicado, justo cuando tan a gusto me sentía con todo el proyecto, a punto estuvo todo de derrumbarse. A unos cuantos ejecutivos de Virgin no les gustó la mezcla final. La consideraban demasiado cruda. Insistieron en que íbamos a competir con la música que entonces dominaba la radio: los grandes éxitos de, por ejemplo, Bon Jovi y Van Halen. Aquello no tenía sentido para mí. Yo no intentaba sonar como nadie. Había hecho mi trabajo precisamente para no acomodarme a las modas. Aun así, emplearon al ingeniero más de moda que encontraron para remezclar el disco. Sí, claro, sonaba profesional y equilibrado.

Era un gran ingeniero. Pero Henry y yo detestábamos el resultado. Mi personalidad había desaparecido. Se había perdido la intimidad. La vibración general no era la que buscaba, y lo peor de todo es que el álbum había perdido el sonido que tanto me había costado lograr. La primera versión tenía un alma que la nueva versión había sepultado.

Había elegido a Virgin y no a Warner, aunque me reportara menos ganancias, porque estaba convencido de que Virgin me comprendía. Estaba muy cabreado.

Decidí acudir a la cima. Llamé a Jeff Ayeroff. Le dije que creía jugar en equipo. Sabía que necesitaba el músculo del departamento de marketing de su sello para que este disco llegase al público, pero no podía quedarme a un lado y permitir que se publicase de esta forma tan maltrecha.

Jeff escuchó atentamente. No discutió. Se limitó a decir que revisaría ambas versiones y me diría algo.

Bastaron unas pocas horas. Me llamó y me dio la razón. Era un error tratar de que sonase más contemporáneo. El sonido de este disco no podía manipularse. Triunfaría o fracasaría en sus propios términos. Nuestra mezcla original, tan cruda y áspera, sería la publicada.

Entonces Jeff me soltó la pregunta retórica de rigor: «¿Será un éxito? Para decirte la verdad, Lenny, realmente no lo sé».

LET LOVE RULE

El lanzamiento del disco llevó más tiempo de lo previsto.

La reseña de *Rolling Stone* decía que yo sonaba como Elvis Costello. Era ridículo, pero ¿qué podía decir? No creo en responder a los críticos.

Virgin sufragó los costos de la producción de un videoclip para 'Let Love Rule', el tema titular. El sello contrató a Matt Mahurin, cuyo inquietante video para 'Fast Car', de Tracy Chapman, había sido un éxito. Querían una producción de ese estilo: yo en una habitación, tal cual, interpretando la canción, destacando en un entorno oscuro. Aunque me encantó aquel video, no creo que diera con la vibración adecuada. Iba en contra del espíritu de la canción. Al fin y al cabo, la letra decía:

> Love is gentle as a rose
> And love can conquer any war
> It's time to take a stand
> Brothers and sisters join hands
> We got to let love rule
> Love transcends all space and time
> And love can make a little child smile
> Can't you see
> This won't go wrong
> But we got to be strong
> We can't do it alone

[El amor es una tierna rosa | Y el amor puede imponerse en cualquier contienda | Llegó el momento de pronunciarse | Hermanos y hermanas daros la mano | Debemos permitir que se haga el amor | El amor trasciende espacio y tiempo | Y el amor hará sonreír a un niño | ¿Acaso no ves | Que esto no puede ir mal? | Pero debemos ser fuertes | No podemos hacerlo solos]

Quien mejor entendió la canción fue Lisa. Ella era el espíritu que la sustentaba. Sugerí que ella dirigiese el vídeo. Le dije a Jeff que necesitaba una sensación a lo *Magical Mystery Tour*: luz solar, ondulantes colinas, flores abriéndose y prados verdes con niños jugando. Lisa sería perfecta.

Y lo fue. Jeff nos dio luz verde, y un día de verano rodamos con una cámara de Super 8 en la entrada de Central Park que da a la Calle 79 con la Quinta Avenida, la misma esquina donde yo a menudo jugaba de niño. Fue un rodaje entrañable, realizado por la serendipia del momento. Mi madrina Cicely Tyson, que vivía en un edificio de apartamentos con vistas al lugar, salió al balcón y oyó música que provenía de unos altavoces. Estaba segura de haber reconocido esa voz. De repente, alguien me estaba dando palmaditas en el hombro. Me di la vuelta y vi el sonriente rostro de la madrina.

Me sorprendió. «¿Cómo pudiste reconocer mi voz atravesando la Quinta avenida, desde el parque hasta tu balcón?»

«Conozco la voz de mi ahijado.»

Nos abrazamos.

Resultó que aquel día papá también estaba en Nueva York y se pasó por el rodaje. Tenía que ver de qué iba toda aquella excitación. A diferencia de la madrina, no llegó a decir que se sentía orgulloso de mí, pero se le veía agradablemente sorprendido. Estaba de buen humor. Lo recibí como una señal de solidaridad.

La gira promocional por Estados Unidos fue extenuante, pero no tuve queja alguna. Los artistas nuevos deben pagar ese precio. Esto comporta viajar por todo el país, a solas o con un promotor, yendo a emisoras de radio grandes y pequeñas, tocar en acústico y ser entrevistado. Al principio, mientras el single «Let Love Rule» se escuchaba en radios universitarias y alternativas, el álbum languidecía. En una época en la que el hip-hop pegaba tan fuerte, no era fácil venderme a mí. Pero tenía un gran equipo de radio, liderado por Michael Plen, al que llamaban «el Hámster al Ataque». Era implacable cuando se trataba de conseguir que yo sonase por la radio.

Cuando el sello me mandó a Europa, estaba preparado.

Durante seis agotadoras semanas, visité Inglaterra, Francia, Holanda y Alemania, acompañado tan solo por mi guitarra, tocando en pequeños clubs y haciendo promo por las emisoras. Hubo menciones en la prensa, aquí y allí. Fue un viaje duro, pues Lisa y Zoë se quedaron en Estados Unidos.

Fue durante aquella gira cuando lo decidí. Los pases acústicos estaban muy bien, pero lo mío era actuar con banda. Yo era un roquero, no un cantante de cabaret, y necesitaba un espectáculo de rock'n'roll a toda marcha. Sabía que para llegar al público iba a necesitar una sección rítmica potente y una buena sección vientos apoyándome para ser fiel al sonido del disco. El fundamento de esa banda lo formarían Zoro a la batería; el bajista Lebron Scott, que se unió a mí con la bendición de su jefe, Curtis Mayfield; el guitarrista Adam Widoff, a quien había conocido en Bennington College; el saxofonista Karl Denson, que había grabado varias cosas para el disco; Kenneth Crouch, sobrino de la leyenda del góspel Andraé Crouch, a los teclados y el órgano Hammond; y Angie Stone, que hizo coros y tocó el saxo en clubs durante la primera etapa de la gira.

Virgin me presentó en los *Rencontres Trans Musicales*, el festival musical francés de Rennes, en Bretaña. Durante cuatro días, bandas de docenas de países actúan en una gran variedad de escenarios ante ochenta mil fans. El festival era famoso por dar a conocer a las próximas estrellas emergentes. Me contaron que la ratio de aquellos que causan impresión en Rennes y los que no es de uno contra cien.

Yo tenía veinticinco años. Mi experiencia como intérprete en vivo era limitada. Había estado encerrado en el estudio los últimos cuatro años. Había ignorado la rutina habitual de formar una banda, ir de gira durante años, conseguir un contrato y luego grabar un disco. Yo había revertido el proceso. El disco ya estaba hecho. Ahora se tenía que montar el espectáculo en vivo, a toda prisa. Normalmente soy persona segura de sí misma, pero esta vez estaba un poco nervioso. Otro país, nueva banda, sin tiempo para la prueba de sonido, ni canciones de éxito, y un cantante solista que, en este escenario, no había sido visto ni por asomo, por no decir lo que no admitía discusión: servidor era un perfecto desconocido.

El escenario era pequeño. Con el telón bajado, la banda se situó a mi alrededor. Aspiramos profundamente. Rezamos. Entonces subió el telón y ahí estaban: un público ante mí, a solo unos centímetros. Podía mirarles a los ojos. La inmediatez de todo aquello me golpeó y reaccioné como un salvaje. Lo clavamos.

La respuesta del público fue una locura, pero no pude realmente calibrar el impacto hasta la mañana siguiente, cuando mi representante, Steve, me trajo el diario local. Mi foto publicada en portada. La reseña era brillante, mejor de lo que hubiese podido imaginar. En cuestión de horas, hubo respuesta de Virgin: este era el gran avance que esperaban. La gira europea se alargó. En rápida sucesión llegaron tres exitosos conciertos: París, Ámsterdam y Hamburgo.

En un año, había pasado de tocar en el Borderline, un pequeño club en Londres, a vender todas las entradas en el Hammersmith Odeon. Fue surrealista.

Lisa se unió a mí. Más tarde, me traje a mamá, la tía Joy y al abuelo Albert. En aquel momento quería a mis seres queridos a mi lado. Me gustaba tocar con los pies en el suelo junto a los míos.

Fue una experiencia emocionante para mi madre. No le había dejado escuchar mi música mientras se iba gestando. Durante años en Cloverdale, siempre me encerraba en mi cuarto, sin dejar que nadie escuchase lo que hacía. Luego, tras marcharme de casa, nunca la invité a escucharme en el estudio. Así que, al publicarse *Let Love Rule*, se quedó visiblemente impactada por todo aquello.

Pudo escuchar cómo todo lo que yo había experimentado en mi viaje cobraba vida en aquel álbum: Chaikovski; los Jackson Five; James Brown; la Harlem School of Arts; Stevie Wonder; Gladys Knight & the Pips; Earth, Wind & Fire; Miles Davis; Jimi Hendrix; Led Zeppelin; KISS; el California Boys' Choir; Prince; David Bowie; la orquesta de Miss Beasley; la banda de jazz de Beverly Hills High; la chispa de magia que brotó entre yo y Lisa; el espíritu de nuestra hija.

Mejor que nadie, mamá sabía que yo había dedicado mi vida y había concentrado todas mis energías en este proyecto; y eso era suficiente para que se sintiese orgullosa de mí. Pero lo que la cegó —y a mí también— fue la visión de miles de fans cantando letras que yo había escrito… y que la mayoría de esos fans ni siquiera hablaban inglés.

El abuelo nunca había estado en Europa. Enérgico como siempre, se pasaba las noches comiendo pizza al lado del conductor del autobús. Estaba demasiado excitado como para dormir. Contemplaba el paisaje mientras yo y la banda dormíamos en las literas de la parte trasera. Con sus grandes conocimientos de historia, filosofía y política, pudo ver cosas sobre las que había estado leyendo toda la vida. Al entrar en Berlín, el abuelo hizo detener el autobús. Era 1989 y el Muro de Berlín estaba siendo derruido. Empuñando mazos, la gente, jóvenes y viejos, lo derribaban. El conductor frenó y el abuelo bajó del autobús para formar parte de la experiencia. Quería llevarse consigo un trozo de historia, así que agarró un pedazo del muro y se lo metió en el bolsillo.

En el concierto de Londres, cuando le invité a salir al escenario, resultó ser un cachondo. Le encantaban las candilejas. Se disfrazó y salió a escena bailando y tocando la pandereta durante 'Let Love Rule'. Al público le encantó. Al salir por la puerta de artistas hacia el autobús de gira, un grupo de chicas gritaba: «¡Abuelo! ¡Abuelo!».

Let Love Rule vendió dos millones de ejemplares en Europa, lo que inevitablemente se tradujo en la insoslayable obligación de empalmar con una gira estadounidense. Curiosamente, el álbum tardaría otros cinco años en llegar a ser disco de oro (medio millón de ejemplares) en América. Pero no me importó, había conseguido aquello que durante tanto tiempo había soñado: había madurado hasta convertirme en un artista con algo que decir y lo había conseguido con una voz que finalmente reconocía como propia.

Había vivido un cuarto de siglo. Tenía una esposa y una hija a las que adoraba. Una madre y una abuela que, pese a mi naturaleza rebelde, me habían educado bien. El conflicto con mi padre fue una parte vital de mi viaje. Así como mamá había sido la madre que necesitaba, papá era el padre que también creo que necesitaba. Enfrentarse a él, como había hecho la noche de aquel concierto de Buddy Rich, fue esencial para acceder a la madurez y a una nueva vida. A su modo, papá había contribuido a impulsar mi determinación y empuje.

Sin embargo, a quien más agradecido estaba era a Dios, esa poderosa fuerza del amor que me había conducido hasta Lisa y había dado forma la música que, tras años de esfuerzo, finalmente había llegado a la gente.

Me tocó en suerte hacer realidad la vida de un personaje que resultaría ser tan confusa como apasionante. Estaba preparado musicalmente, mas no emocionalmente. No sabía entonces que la vida de una estrella de rock es, en igual medida, una hermosa bendición y una peligrosa carga. Esa vida iba a resultar más extenuante y compleja que nada a lo que me hubiese enfrentado hasta entonces. Claro que hubo triunfos y emociones pero mis dificultades —mis tonterías, angustias y errores— no habían desaparecido. Tropezaría, de nuevo, con ellas en un futuro no muy lejano.

El siguiente capítulo va a dar mucho de qué hablar.

Continuará...

AGRADECIMIENTOS

Lenny quisiera reiterar su agradecimiento a quienes contribuyeron a la redacción y publicación de este libro: David Ritz, Veronika Shulman, Gillian Blake, Libby Burton, Serena Jones, Craig Fruin, David Vigliano y Emilie Fabiani.

David Ritz agradece a Lenny su confianza, su amistad y su magnífica prosa. También quisiera manifestar su agradecimiento a Veronika Shulman, cuyas extraordinarias habilidades y exquisita comprensión tanto contribuyeron al resultado final; a nuestros tres magníficos editores: Gillian Blake, Libby Burton y Serena Jones; Steve Rubin, quien patrocinó inicialmente el proyecto; mi maravilloso e infatigable agente David Vigliano; Mathieu Bitton, quien me presentó a Lenny; mi mánager, Craig Fruin; mi esposa, Roberta; mi familia y amigos, que nutren todos los días de mi vida. Todas las alabanzas a Jesús, amante de mi alma.

Libros del Kultrum le agradece el tiempo dedicado a la lectura de esta obra. Confiamos en que haya resultado de su agrado y le invitamos a que, si así ha sido, no deje de recomendarlo a otros lectores.

Puede visitarnos en www.librosdelkultrum.com, en Facebook, en Twitter y en Instagram donde encontrará información sobre nuestros proyectos; y desde donde le invitamos a hacernos llegar sus opiniones y recomendaciones.

TÍTULOS PUBLICADOS

EN
PREPARACIÓN
EN KULTRUM

EN
PREPARACIÓN
EN CULT ROOM

Q
LA AUTOBIOGRAFÍA
DE QUINCY JONES
Quincy Delight Jones

REMAIN IN LOVE:
MEMORIAS DE
CHRIS FRANTZ
LA VERDADERA
HISTORIA DE LOS
TALKING HEADS...
Chris Frantz

LA TIERRA DONDE
NACIÓ EL BLUES
Alan Lomax

I · ME · MINE
MEMORIAS,
CANCIONERO,
IMÁGENES
George Harrison

ENTREVISTAS DE
ULTRATUMBA
CONVERSACIONES
IMAGINARIAS
ENTRE CELEBRIDADES
ANDANTES
Y AÑORADAS
LUMINARIAS...
Dan Crowe

BREVÍSIMO
DICCIONARIO
DE PATOLOGÍAS
LITERARIAS
Marco Rossari

LEONARDO SCIASCIA:
ESCRITOR Y EDITOR
EL PLACER DE HACER
LIBROS
Leonardo Sciascia

EXPRESO AL EDÉN:
MEMORIA DE UNA
LOCURA
Mark Vonnegut

W
O
M